우리에게
기도를
가르쳐
주소서

우리에게
기도를
가르쳐
주소서

© 생명의말씀사 2017

2017년 11월 30일 1판 1쇄 발행
2024년 9월 10일 　　　 3쇄 발행

펴낸이 | 김창영
펴낸곳 | 생명의말씀사

등록 | 1962. 1. 10. No.300-1962-1
주소 | 서울시 종로구 경희궁1길 6 (03176)
전화 | 02)738-6555(본사)・02)3159-7979(영업)
팩스 | 02)739-3824(본사)・080-022-8585(영업)

지은이 | 화종부

기획편집 | 서정희, 장주연
디자인 | 윤보람
인쇄 | 영진문원
제본 | 보경문화사

ISBN 978-89-04-16610-7 (03230)

저작권자의 허락없이 이 책의 일부 또는 전체를
무단 복제, 전재, 발췌하면 저작권법에 의해 처벌 받습니다.

하나님 앞에서 배우는 기도

우리에게 기도를 가르쳐 주소서

화종부 지음

생명의말씀사

차례

프롤로그 8

1

회개와 함께 **바른 기도를 시작하라** · 13
단 9:1-19

- 우리의 변화는 기도에서부터 시작되어야 합니다
- 하나님께 기도하며 간구하기를 '결심'한다는 것
- 기도의 가장 중요한 요소는 '하나님을 부름'입니다
- '그들의' 죄가 아닌, '우리의' 죄를 고백해야 합니다
- 하나님의 말씀을 떠나 사는 것이 우리의 죄입니다
- 기도가 끝나기도 전에 응답하시고 역사하시는 하나님

2

감사와 함께 하나님을 더욱 알기를 구하라 · 51
엡 1:15-23

- '나'라는 테두리에서 벗어나 이웃을 위한 감사 기도
- 우리의 첫 번째 기도 제목, 하나님을 더욱 알게 하소서
- 하나님을 알되, 부르심의 소망이 무엇인지 알게 하소서
- 기업의 영광의 풍성함을 밝히 알게 하소서
- 하나님이 베푸신 능력의 지극히 크심을 깨닫게 하소서

3 능력으로 강건하게 되기를 구하라 · 85

엡 3:14-21

- 성경이 말하는 능력을 구하는 기도
- 속사람을 능력으로 강건하게 하소서
- 그리스도의 사랑의 무한한 차원을 깨닫게 하소서
- 주님의 능력으로 능하여져야 합니다
- 더 넘치도록 능히 하실 하나님이 우리의 기도에 응답하십니다
- 우리는 하나님의 영광을 위해 기도해야 합니다

4 사랑이 점점 더 풍성하기를 구하라 · 115

빌 1:9-11

- 사랑, 아무리 강조해도 부족하지 않은 성경의 핵심
- 사랑은 지식과 함께 풍성히 자랍니다
- 사랑이 풍성해지면 지극히 선한 것을 분별하게 됩니다
- 진실하고 허물 없이 그리스도의 날까지 이르게 됩니다
- 의의 열매가 풍성히 맺혀 하나님의 영광과 찬송이 됩니다

5. 범사에 하나님을 기쁘시게 하기를 구하라 · 145

골 1:9-12

- 하나님의 뜻을 아는 것으로 채워 주소서
- 선한 일에 열매를 맺어 하나님을 기쁘시게 하십시오
- 하나님을 아는 것에서 자라 가십시오
- 기쁨으로 모든 견딤과 오래 참음에 이르기 위해서
- 아버지께 감사하는 삶, 하나님이 가장 기뻐하시는 삶

들어가는 글

오늘날 조국 교회는 주변으로부터 많은 비난을 듣고 있습니다. 눈에 보이는 이런저런 문제점들이 원인인 것처럼 거론되며, 그래서 그 문제들을 해결하기 위한 다양한 조치가 제시되기도 합니다.

그처럼 지적되는 문제들에 대해 동의하면서도, 조국 교회의 문제가 이미 오래전부터 곪아 온 것임을 생각해 보면 문제의 뿌리는 훨씬 깊은 곳에 있다는 생각을 지울 수가 없습니다. 본질인 복음으로부터 많이 멀어져 있고, 내용인 성경에 충실하지 못해 생긴 것이 오늘 조국 교회의 문제의 핵심이라고 생각합니다.

그러므로 지금부터라도 현상을 다루는 피상적인 해결책이 아니라 문제를 근원에서부터 다루어 차근차근 해결하려는 자세가 요구되고, 하나님의 은혜와 선처를 구하며 기다리는 일이 우선적으로 필요하다고 생각됩니다. 그런 측면에서 오늘 우리를 새롭게 하는 일에 기도는 가장 시급한 우선순위가 아닐 수 없습니다.

조국 교회의 가장 중요한 특징이요, 강점 중의 하나는 기도라 할 것입니다. 제가 영국 생활을 하던 중에 조국 교회가 가장 그리웠던 시간 가운데 하나도 성도들과 함께 즐거이 했던 기도 모임이었습니다. 마음을 모아 함께 기도하며 하나님의 얼굴을 찾고 부르짖었던 일은 제 심령의 고향과도 같은 복된 시간이었습니다.

열심 있고 많은 시간을 기도에 드리는 조국 교회의 아름다움은 다른 나라의 교회에서는 찾아보기 힘든 참 귀한 장점이라 할 수 있습니다.

그러나 우리 모두가 아는 것처럼, 조국 교회가 드려 왔던 기도는 우리가 성경에서 발견하는 기도의 모습과는 상당한 차이가 있습니다. 또한 내용 역시 다분히 자기중심적이며 기복적인 수준을 벗어나지 못하는 것이 현실적인 아픔이기도 합니다.

우리는 지금까지 기도를 열심히 해야 한다는 사실과, 기도의 습관을 들여야 한다는 교훈에 너무나 많은 강조를 두어 왔습니다. 기도를 규칙적으로 해서 습관이 되도록 하는 것만 해도 매우 귀하고 소중한 일임에 틀림없지만, 이제는 한 단계 더 나아가야 할 시점입니다. 성경에서 발견되는 믿음의 사람들의 기도를 보고 배워서 더욱 성경적이고, 더욱 복음적인 성격이 많이 묻어나는 기도를 드려야 하는 시점입니다.

그런 점에서 이 책의 제목을 『우리에게 기도를 가르쳐 주소서』라고 지어 보았습니다. 구주를 따르던 제자들이 그분의 삶 가운데 가장 본받고 싶어 했던 것 중에 하나가 기도의 모습이었기에 그들은 주님께 "우리에게도 기도를 가르쳐 주옵소서" 하고 요청했습니다(눅 11:1). 이미 유대인으로서 기도에 익숙해 있는 사람들이었지만 구주의 기도의 삶에서 발견한 아름다움과 복됨을 사모하는 마음으로 예수님께 그런 요청을 드렸던 것입니다.

오늘 조국 교회를 구성하는 모든 성도에게도 제자들의

이러한 마음과 사모함이 절실히 요청됩니다. 조국 교회가 주님이 기뻐하시는 기도로 다시 새로워지고, 주님이 원하시는 기도를 성경으로부터 배워 바르게 기도하는 교회가 될 때 하나님이 조국 교회에 새로운 부흥의 영광을 허락하시리라 믿어 의심치 않습니다.

교회를 새롭게 하시는 하나님의 역사적인 방법인 부흥은, 기도하는 사람들의 무릎을 통해 이루어지곤 합니다. 오병이어처럼 구주의 손에 붙들려 많은 사람을 먹이고 살찌워 오늘 조국 교회가 필요로 하는 참된 부흥이 속히 이 땅에 일어나기를 기대하는 마음으로 이 책을 냅니다.

"여호와여 주는 주의 일을 이 수년 내에 부흥하게 하옵소서 이 수년 내에 나타내시옵소서 진노 중에라도 긍휼을 잊지 마옵소서"(합 3:2).

_화종부 목사

PRAY

우리에게 기도를 가르쳐 주소서

1

회개와 함께
바른 기도를 시작하라

다니엘 9:1-19

1 메대 족속 아하수에로의 아들 다리오가 갈대아 나라 왕으로 세움을 받던 첫해

2 곧 그 통치 원년에 나 다니엘이 책을 통해 여호와께서 말씀으로 선지자 예레미야에게 알려 주신 그 연수를 깨달았나니 곧 예루살렘의 황폐함이 칠십 년 만에 그치리라 하신 것이니라

3 내가 금식하며 베옷을 입고 재를 덮어쓰고 주 하나님께 기도하며 간구하기를 결심하고

4 내 하나님 여호와께 기도하며 자복하여 이르기를 크시고 두려워할 주 하나님, 주를 사랑하고 주의 계명을 지키는 자를 위하여 언약을 지키시고 그에게 인자를 베푸시는 이시여

5 우리는 이미 범죄하여 패역하며 행악하며 반역하여 주의 법도와 규례를 떠났사오며

6 우리가 또 주의 종 선지자들이 주의 이름으로 우리의 왕들과 우리의 고관과 조상들과 온 국민에게 말씀한 것을 듣지 아니하였나이다

7 주여 공의는 주께로 돌아가고 수치는 우리 얼굴로 돌아옴이 오늘과 같아서 유다 사람들과 예루살렘 거민들과 이스라엘이 가까운 곳에 있는 자들이나 먼 곳에 있는 자들이 다 주께서 쫓아내신 각국에서 수치를 당하였사오니 이는 그들이 주께 죄를 범하였음이니이다

8 주여 수치가 우리에게 돌아오고 우리의 왕들과 우리의 고관과 조상들에게 돌아온 것은 우리가 주께 범죄하였음이니이다 마는

9 주 우리 하나님께는 긍휼과 용서하심이 있사오니 이는 우리가 주께 패역하였음이오며

10 우리 하나님 여호와의 목소리를 듣지 아니하며 여호와께서 그의 종 선지자들에게 부탁하여 우리 앞에 세우신 율법을 행하지 아니하였음이니이다

11 온 이스라엘이 주의 율법을 범하고 치우쳐 가서 주의 목소리를 듣지 아니하였으므로 이 저주가 우리에게 내렸으되 곧 하나님의 종 모세의 율법에 기록된 맹세대로 되었사오니 이는 우리가 주께 범죄하였음이니이다

12 주께서 큰 재앙을 우리에게 내리사 우리와 및 우리를 재판하던 재판관을 쳐서 하신 말씀을 이루셨사오니 온 천하에 예루살렘에서 일어난 일 같은 것이 없나이다

13 모세의 율법에 기록된 대로 이 모든 재앙이 이미 우리에게 내렸사오나 우리는 우리의 죄악을 떠나고 주의 진리를 깨달아 우리 하나님 여호와의 얼굴을 기쁘게 하지 아니하였나이다

14 그러므로 여호와께서 이 재앙을 간직하여 두셨다가 우리에게 내리게 하셨사오니 우리의 하나님 여호와께서 행하시는 모든 일이 공의로우시나 우리가 그 목소리를 듣지 아니하였음이니이다

15 강한 손으로 주의 백성을 애굽 땅에서 인도하여 내시고 오늘과 같이 명성을 얻으신 우리 주 하나님이여 우리는 범죄하였고 악을 행하였나이다

16 주여 구하옵나니 주는 주의 공의를 따라 주의 분노를 주의 성 예루살렘, 주의 거룩한 산에서 떠나게 하옵소서 이는 우리의 죄와 우리 조상들의 죄악으로 말미암아 예루살렘과 주의 백성이 사면에 있는 자들에게 수치를 당함이니이다

17 그러하온즉 우리 하나님이여 지금 주의 종의 기도와 간구를 들으시고 주를 위하여 주의 얼굴빛을 주의 황폐한 성소에 비추시옵소서

18 나의 하나님이여 귀를 기울여 들으시며 눈을 떠서 우리의 황폐한 상황과 주의 이름으로 일컫는 성을 보옵소서 우리가 주 앞에 간구하옵는 것은 우리의 공의를 의지하여 하는 것이 아니요 주의 큰 긍휼을 의지하여 함이니이다

19 주여 들으소서 주여 용서하소서 주여 귀를 기울이시고 행하소서 지체하지 마옵소서 나의 하나님이여 주 자신을 위하여 하시옵소서 이는 주의 성과 주의 백성이 주의 이름으로 일컫는 바 됨이니이다

우리의 변화는
기도에서부터 시작되어야 합니다

우리가 사는 이 시대는 한국 교회와 성도들에게 많은 기대와 요청을 쏟아 내고 있습니다. 가치 혼란의 시대 속에서 말씀을 제대로 강해하는 설교의 필요가 그중 하나입니다. 또한 자기중심적인 시대 가운데 바른 사랑을 가르치고 행하는 교회와 성도들이 되는 것도 중요한 사항입니다. 아울러 거리낌 없이 악과 음행을 권하는 타락한 사회 속에서 거룩하고, 정직하고, 성결한 삶을 사는 교회와 성도들로 세워져야 하는 필요는 매우 크다고 할 수 있습니다.

이뿐 아니라 다양한 인종들이 우리 사회로 들어오는 오늘과 같은 때에 그들과 함께 살아가고, 그들의 아픔을 만져 주고, 그들의 눈물을 훔쳐 내는 것은 교회와 성도들에게 매우 필요한 일입니다. 각 지역에 건강한 교회를 개척하는 일과 열방과 민족에게 복음을 전하는 선교 역시 조국 교회에 주어진, 말할 필요가 없는 중요한 주제입니다.

이 모든 일이 중요하고 시급하다는 점에는 우리가 다 동의할 것입니다. 하지만 그중에서도 한국 교회에 주어진 가장 중요하고 절실한 일이 있습니다. 저는 그것이 기도라고 감히 말하고 싶습니다.

유럽 교회가 걸린 영적 질병의 제일 중요한 핵심은 기도가 잦아들고, 급기야 기도의 불이 꺼진 것입니다. 물론 유럽 교회가 연약해지고 무너진 데는 여러 요소가 있겠지만, 가장 중요한 원인은 기도의 부재라고 단언할 수 있습니다. 기도하는 사람들을 찾아볼 수 없는 척박한 상황이 유럽 교회의 보편적인 모습입니다. 그리고 안타깝게도 조국 교회에서도 그러한 모습이 점차 드러나고 있습니다.

오늘 조국 교회는 어딘지 모르게 공허하고, 경박하기 짝이 없으며, 피상적이라는 느낌을 지울 수가 없습니다. 조국 교회의 이러한 모습은 어디에서 비롯된 것일까요? 저는 그 원인을 기도의 무릎이 녹아져서 만들어 내는 영적 깊이의 부재에서 찾아야 한다고 생각합니다.

하나님의 골방에서 무릎 꿇는 이들 안에서 발견되던 정직함과 정결함의 부재야말로 조국 사회와 교회가 당면한 문제의 핵심 중 하나인 것입니다.

물론 간혹 기도하는 사람들이 존재합니다. 그러나 감정을 해소하기 위한 자기 열심을 나타내는 기도에 그치고 있습니다. 성경에 근거한 바른 기도를 하는 사람들을 찾기가 너무나 어려운 것이 현실입니다.

오늘 우리는 기도를 기도답게 하는 사람들을 만나기가 쉽지 않은 시대를 살아가고 있습니다. 개인과 가정과 교회와 단체마다 기도가 급격히 무너지고 있습니다. 그 많던 기도의 사람들이 다 어디로 갔을까요?

사람들은 기도하기보다 말하기를 좋아합니다. 기도의 골방에서 하나님의 존전에 머물기보다 어떻게든 분주하게 움직이고 행해야만 자신이 무슨 일에든 기여하고 있다고 착각합니다. 그들은 골방에 앉아 기도하는 것을 아무 일도 하고 있지 않은 것처럼 여깁니다. 그래서 이 시대에 기도의 골방이 점점 무너지고 약해져 가고 있는 것입니다.

오늘날 기도만큼 본질적이고 핵심적이지만 소홀히 여겨지는 일도 없다고 말한다면 너무 지나친 과장일까요?

그 어떤 것도 기도를 대신할 수 없습니다. 하나님은 기도를 통해 언약을 성취하시며, 변화를 일으키시고, 그분의 역사를 다듬어 가십니다. 하나님의 놀라운 경륜과 섭리의 핵심 도구 중 하나가 바로 기도입니다. 그런데 기도가 빠져나가고 있다는 사실이 이 시대에 가장 마음 아픈 점입니다.

물론 성도의 경건함이 기도로만 구성되는 것은 절대로 아닙니다. "기도만 하면 다 된다"라고 말할 수는 없습니다. 그럼에도 단언컨대, 기도의 골방 없이 경건한 삶은 불가능합니다. 기도 없이 경건한 삶에 대한 시대의 요구에 반응할 수 있는 방법은 어디에도 없습니다. 그런 측면에서 오늘 조국 교회와 우리의 변화는 기도의 변화에서부터 시작되어야 합니다.

"우리에게 기도를 가르쳐 주소서.
하나님이 수많은 믿음의 사람을
기도하지 않을 수 없도록 도우시고 만지셨던 것처럼
우리에게도 기도를 가르쳐 주시고,

우리의 기도의 무릎을 살려 주옵소서."

우리는 이렇게 기도하며 사모하는 영을 가지고 하나님 앞에 나아가야 합니다. 기도를 한 번 해치우고 마는 일로 여기는 것이 아니라 한 사람, 한 사람의 심령에 기도의 문이 열리고, 하나님이 도와주시고 가르치시는 기도를 경험하면서 기도의 무너져 있던 담벼락이 다시 세워지는 복이 우리 안에 있어야 할 것입니다.

이 장에서는 가장 먼저 기도의 고전이라 할 수 있는 다니엘의 기도에 대해 살펴보고자 합니다. 다니엘의 기도는 모든 면에서 성도가 어떻게 기도해야 하는지를 가르쳐 줍니다.

오늘 조국 교회의 기도는 성경이 말하는 기도보다는 그저 감정의 발산처럼 느껴지는, 값싼 모습을 하고 있는 실정입니다. 기도가 급격하게 줄어들고 있는 조국 땅에 우리의 기도를 들으시는 하나님 앞에서 기도를 배우고, 주님이 듣기 원하시는 기도를 함께 올려 드리는 복된 일이 일어나야 합니다. 그런 면에서 다니엘의 기도는 우리에게 기도를 가르치기에 손색이 없습니다.

하나님께 기도하며 간구하기를 '결심'한다는 것

"메대 족속 아하수에로의 아들 다리오가 갈대아 나라 왕으로 세움을 받던 첫해 곧 그 통치 원년에 나 다니엘이 책을 통해 여호와께서 말씀으로 선지자 예레미야에게 알려 주신 그 연수를 깨달았나니 곧 예루살렘의 황폐함이 칠십 년 만에 그치리라 하신 것이니라"(1-2절).

다니엘은 나라를 잃고 이방 나라 바벨론에 포로로 잡혀 왔다가 바벨론 제국이 멸망하고 메대와 바사가 통치할 때까지 생존해 있었습니다.

그러던 어느 날이었습니다. 다니엘은 성경을 열어서 말씀을 읽었습니다. 아마도 예레미야서였던 것 같습니다. 하나님이 예레미야 선지자를 통해 주신 말씀을 읽은 다니엘에게 깨달음이 왔습니다.

약속의 말씀은 그저 성경에 기록된 것으로 그치지 않고 삶의 구체적인 자리에 실천적이며 경험적으로 임합니다. 늘 읽던 말씀이 어느 날 우리의 심령 한가운데를 꿰뚫고 살아 꿈틀거리듯 우리의 마음을 만질 때, 그때부터 비로소 우리는 기도를 배우고 기도하기 시작합니다. 말씀이 와서 우리를 일깨우기 시작할 때 제대로 된 기도가 열리는 것입니다.

말씀과 기도는 떼려야 뗄 수 없는 짝입니다. 기도만 해서는 안 됩니다. 말씀을 펴고 하나님의 말씀이 임해 우리의 마음을 깨뜨리고 열어 주어야 비로소 기도가 기도처럼 드려지기 시작합니다. 불필요한 껍데기를 깨뜨리고 알맹이를 가지고 기도의 골방에 들어가야 합니다.

다시 말해, 우리가 입고 있는 옷을 다 벗어 맨살을 그대로 드러낸 채 하나님과 인격적으로 맞닥뜨리기 위해서는 말씀 앞에 먼저 세워져야 합니다. 그때 기도가 제대로 열리기 시작하고, 말씀을 깨닫는 일이 일어납니다.

예레미야 29장 10절에는 다음과 같은 말씀이 기록되어 있습니다.

"여호와께서 이와 같이 말씀하시니라 바벨론에서 칠십 년이 차면 내가 너희를 돌보고 나의 선한 말을 너희에게 성취하여 너희를 이곳으로 돌아오게 하리라."

다니엘이 이 말씀을 만났을 때 연도를 정확하게 계산했는지는 모르겠지만, 그는 포로 기간이 거의 끝나 가고 있음을 느꼈습니다. '다리오 왕 원년'은 학자들에 따라 약간씩 이견이 있지만 보통 주전 537년경으로 봅니다. 바벨론으로 잡혀갔던 이스라엘 백성은 주전 536년에 약속의 땅으로 돌아왔습니다.

이처럼 귀한 말씀을 깨달은 다니엘은 어떤 반응을 보였습니까?

"내가 금식하며 베옷을 입고 재를 덮어쓰고 주 하나님께 기도하며 간구하기를 결심하고"(3절).

여기서 '결심하고'라는 표현에 초점을 맞출 필요가 있습니다. 말씀이 임하자 다니엘은 기도하며 간구하기를 결심했습니다. 하나님의 언약의 말씀이 깨달아지자 그 말씀을 붙들고 기도하기를 결심한 것입니다.

그리스도인은 말씀을 깨달을 때 "하나님의 백성은 말씀대로 어떻게든 되는 존재야. 그러므로 언젠가 어떤 방법으로든 말씀대로 되겠지"라고 말할 수 없습니다. 그처럼 운명론적이거나 기계적인 방식으로 말씀을 바라보지 않습니다. 신자는 말씀을 보고 깨닫게 되면 그 말씀을 붙들고 약속이 성취되도록 기도하기를 결심해야 합니다.

오늘 우리는 얼마나 어리석은 시대를 사는지 모릅니다. '기독교를 믿는 것', '하나님의 주권과 섭리와 예정과 진리를 믿는 것'을 '하나님의 뜻대로 어떻게든 되리라고 믿는 것'과 동일시하는 것은 어리석은 생각입니다. 모든 믿음의 사람은 말씀을 깨닫고, 하나님의 주권과 섭리와 예정과 진리를 깨닫게 되면 기도하기를 결심하는 자리로 나아가야 합니다.

하나님은 에스겔 선지자를 통해서 비록 이스라엘 백성이 70년 동안이나 포로로 잡혀 있었기에 고향 땅이 황무해졌지만, 이후에는 그 땅이 다시 경작될 것이라고 말씀하셨습니다.

"그 황폐한 땅이 장차 경작이 될지라"(겔 36:34).

또한 이러한 영광은 틀림없이 있을 것인데, 그래도 하나님의 백성이 기도하고 간구해야 한다고 가르쳐 주셨습니다.

"사람이 이르기를 이 땅이 황폐하더니 이제는 에덴동산같이 되었고 황량하고 적막하고 무너진 성읍들에 성벽과 주민이 있다 하리니 너희 사방에 남은 이방 사람이 나 여호와가 무너진 곳을 건축하며 황폐한 자리에 심은 줄을 알리라 나 여호와가 말하였으니 이루리라 주 여호와께서 이같이 말씀하셨느니라 그래도 이스라엘 족속이 이같이 자기들에게 이루어 주기를 내게 구하여야 할지라"(겔 36:35-37).

요한일서는 이렇게 말합니다.

"그를 향하여 우리가 가진바 담대함이 이것이니 그의 뜻대로 무엇을 구하면 들으심이라 우리가 무엇이든지 구하는 바를 들으시는 줄을 안즉 우리가 그에게 구한 그것을 얻은 줄을 또한 아느니라"(요일 5:14-15).

'우리가 가진바 담대함'이 무엇입니까? 하나님의 뜻대로 무엇을 구하면 하나님이 반드시 들으신다는 사실을 아는 것입니다. 우리는 언약의 말씀을 듣고, 그 말씀을 붙들고 기도하기를 결심하고, 그것을 행할 담대함을 가질 수 있습니다.

하나님의 뜻대로 구하는 것은 하나님이 반드시 들으신다는 사실을 알기에, 기도하는 사람들은 주의 뜻을 따라 구할 때마다 담력을 가지고 하나님을 찾고 구할 수 있습니다.

우리는 하나님이 주신 약속을 붙들고 기도하고 간구해야 합니다. 다니엘은 하나님이 주신 약속을 붙들고 기도했습니다. 다니엘의 기도는 오늘과 같은 시기에 기도에 대한 매우 중요한 교훈을 줍니다.

기도의 가장 중요한 요소는 '하나님을 부름'입니다

다니엘은 귀한 말씀을 붙들고 기도하기를 결심한 후 어떻게 기도했습니까? 다니엘 9장 4-19절에서, 즉 무려 16절에 걸쳐 다니엘이 드린 기도의 핵심은 무엇일까요?

"내 하나님 여호와께 기도하며 자복하여 이르기를 크시고 두려워할 주 하나님, 주를 사랑하고 주의 계명을 지키는 자를 위하여 언약을 지키시고 그에게 인자를 베푸시는 이시여"(4절).

기도의 가장 중요한 요소는 '하나님을 부름'입니다. 성경에 나오는 모든 기도의 핵심은 '하나님을 부르는 것'입니다. 어떤 사람은 '사랑이 많으신 하나님', '하나님 우리 아버지' 등 모든 순간에 늘 똑같은 방식으로 하나님을 부릅니다. 그는 기도를 잘 모르는 사람입니다. 기도에서 '하나님을 부름'은 뒤이은 모든 간구의 제목과 그대로 연결되는 부름이어야 합니다.

일반적으로, 기도를 시작하면 간구로 바로 달려가는 것이 우리의 기도하는 습관입니다. 하지만 이제 우리는 습관을 뛰어넘어서 '하나님을 부름'에서부터 기도를 시작해야 합니다. 다니엘은 하나님을 부를 때 말씀과 관계해 불렀습니다.

> "주를 사랑하고 주의 계명을 지키는 자를 위하여 언약을 지키시고 그에게 인자를 베푸시는 이시여"(4절 하).

조국 교회 성도들의 기도를 들어 보면 '하나님을 부름'이 너무 약한 것 같습니다. 하나님을 부르는 부름이 없습니다. 우리의 기도 제목과 삶의 자리가 만들어 내는 여러 상처들을 안고 하나님을 찾을 때, 하나님을 부르는 부름이 너무 빈약하고 모자랍니다. 삶과 기도와 신앙이 깊이 없이 피상적이고 일천하기 때문에 하나님을 부르는 부름이 천편일률적이고, 내용이 얕고, 진정한 고백이 없습니다.

이제 우리는 기도할 때 하나님을 불러야 하겠습니다. 하나님이 우리의 마음에 주신 기도 제목을 붙들고 하나님께 걸맞은 이름으로 하나님을 찾고, 부르고, 누리고, 경험해야 할 것입니다.

'그들의' 죄가 아닌, '우리의' 죄를 고백해야 합니다

다니엘의 기도는 '하나님을 부름'에 이어 죄에 대한 자백과 간구 등 두 가지 요소로 구성되어 있습니다.

다니엘이 70년의 포로 생활이 끝난다는 언약의 말씀을 붙들고 드린 간구의 대부분의 내용은 죄에 대한 자백이었습니다.

"우리는 이미 범죄하여 패역하며 행악하며 반역하여 주의
법도와 규례를 떠났사오며 우리가 또 주의 종 선지자들이

주의 이름으로 우리의 왕들과 우리의 고관과 조상들과 온 국민에게 말씀한 것을 듣지 아니하였나이다"(5-6절).

다니엘은 죄를 자백하고 고백했는데, 그 죄는 '우리의' 죄로 표현되었습니다. 사실 그 죄는 조상들의 죄였습니다. 조상들이 하나님 앞에 득죄해서 포로로 잡혀 온 것이었습니다. 어려서 포로로 잡혀 온 다니엘은 아직 살아 있었지만 대부분의 이스라엘 백성은 죽었습니다. 그런데 그는 죄를 자백하면서 '우리의 왕', '우리의 고관', '우리의 조상', '우리의 온 국민' 등 끝없이 '우리'라는 단어를 사용했습니다. '그들의' 죄를 자백한 것이 아니라 '우리의' 죄를 자백했습니다.

오늘 조국 사회에는 이런 사람들이 매우 필요합니다. '그들의' 죄를 지적하고, '그들의' 문제를 말하는 사람들은 수두룩합니다.

요즘 뉴스를 보면 각종 사건들을 마치 오락 프로그램에서 가십거리를 다루듯 중계합니다. 그 어디에도 아픔이 없습니다. 매우 고통스러운 상황이고, 함께 아파해야 마땅한데, 그저 특정 무리를 또 하나의 속죄양으로 만들기에 급급할 뿐입니다. 다니엘처럼 "우리가 죄를 지었사오며, 이는 우리의 허물과 우리의 악입니다. 그들만의 허물이 아닙니다"라고 말하는 사람을 찾기가 너무 어렵습니다. 그렇게 말하면 어쩌면 돌을 맞을지도 모르겠습니다.

그러나 기도하는 우리는 성경이 가르치는 자세를 가지고 하나님 앞에 서야 합니다. 그들이 저지른 죄와 악이 우리 안에 그대로 있기 때문입니다. 우리가 그들보다 윤리적으로, 도덕적으로, 상대적으로 조금 나아 보이는 것에 속지 마십시오. 우리에게 그 죄를 지을 능력과 기회가 없었을 뿐, 죄가 없는 것은 결코 아닙니다. 우리는 이 사실을 직시해야 합니다.

우리가 죄를 지었습니다. 우리가 패역하게 행했습니다. 우리의 악입니다. 우리의 가슴을 찢어야 하고, '그'가 아니라, '그들'이 아니라, '우리'의 죄를 하나님 앞에 함께 토설하고 기도해야 합니다.

또한 다니엘은 죄가 얼마나 많은지를 자백했습니다. 먼저, 5절에서 그는 "우리는 이미 범죄하여"라고 말하며 죄에 대해 자백했습니다. 이어서 "패역하며"라고 말하며 또다시 죄를 자백했습니다. 그 후에도 "행악하며", "반역하여" 등 죄에 대해 사용할 수 있는 동사를 다 사용했습니다. 6절에서는 "우리가 또 주의 종 선지자들이 주의 이름으로 우리의 왕들과 우리의 고관과 조상들과 온 국민에게 말씀한 것을 듣지 아니하였나이다"라고 고백했습니다.

최근 우리 사회의 모습을 돌아보게 됩니다. 죄를 지은 사람들이 한둘이 아닙니다. 지위가 높은 자들에서부터 낮은 자들에 이르기까지 온 국민이 죄를 지었습니다. 모두가 하나같이 죄를 지었습니다.

하지만 우리는 지금까지 사람들에게 돌을 던지기만 했지 자신이 돌을 맞아야 하는 당사자라는 사실은 누구도 정직하게 인정하려 하지 않았습니다. 패역했고, 죄를 범했고, 하나님의 말씀에 귀 기울여 살지 않았고, 하나님이 원하시는 대로 행하지 않았는데도 자기의 죄를 정직하게 고백하려 하지 않았습니다. 그저 자신의 알량한 도덕성을 붙들고 남들을 돌질하기에 바빴습니다. 그것이 우리이고, 우리 민족입니다.

이제 종지부를 찍어야 합니다. 전체를 뜯어고치고, 가슴을 찢고, 자기를 정직하게 보는 일들이 이 땅 구석구석에서 일어나야 합니다. 왕들부터 고관, 일반 서민에 이르기까지 얼마나 많은 사람이 동일한 죄를 짓고 있는지 보아야 합니다. 죄를 토설하고 회개해야 합니다.

죄를 토설하고 회개하는 다니엘의 기도에는 이외에도 얼마나 많은 죄에 대한 자백이 있는지 모릅니다. "주께 죄를 범하였음이니이다"(7절), "우리가 주께 범죄하였음이니이다"(8절), "우리가 주께 패역하였음이오며"(9절), "우리가 주께 범죄하였음이니이다"(11절), "우리는 범죄하였고 악을 행하였나이다"(15절) 등 다니엘은 죄를 열거하면서 죄에 대해 자복하고 또 자복했습니다.

그런데 9절 상반 절을 보면, 다니엘이 죄를 자백하는 한 중간을 뚫고 주의 긍휼과 자비를 구하는 듯합니다.

"주 우리 하나님께는 긍휼과 용서하심이 있사오니."

그러나 바로 이어지는 9절 하반 절에서 다시 다니엘은 "이는 우리가 주께 패역하였음이오며"라고 고백했고, 10절에서는 "우리 하나님 여호와의 목소리를 듣지 아니하며", 그리고 계속해서 14절까지 죄에 대해 반복해서 자복했습니다.

죄를 자백하고 토설하면서 너무 상하고 곤고해서 한중간을 뚫고 하나님의 긍휼과 자비를 붙들었는데, 또다시 금방 죄에 대한 자복으로 돌아갈 수밖에 없을 정도로 많은 죄를 다니엘은 깨닫고 보았던 것입니다.

현재 우리가 살고 있는 조국 땅은 지도자 몇 사람이 잘못해서 아픔을 겪은 것이 아닙니다. 저는 젊은 시절에 남북통일에 대한 공부를 꽤 했습니다. 그때 조국이 근세사에 어떤 역사를 맞이했는가를 공부하면서 너무나 깊은 좌절과 절망을 느꼈습니다.

일본은 외세의 총칼에 의해서 나라의 문호를 개방했는

데도 문물을 빨리 받아들였습니다. 나쁜 것은 배격하고, 좋은 것은 취했습니다. 미국이 총칼을 가지고 문을 여니까 미국에 정복당하지 않으려고 영국에 가서 영국의 제도와 문물을 모두 받아 왔습니다. 일본은 이처럼 꾀를 써서 절호의 기회를 붙잡아 살아났습니다.

그러나 우리는 절호의 기회를 한 번도 살리지 못하고 무너졌습니다. 이 사실은 새파랗게 젊은 제 영혼을 너무나도 곤고하게 만들었고 절망하게 했습니다.

우리는 지도자 몇 사람이 잘못해서 이런 역사의 아픔을 반복해서 겪어 온 민족이 아닙니다. 우리 안에도 잘못이 많습니다.

하나님의 은혜로 티끌 같은 우리가 넘치도록 복을 받았습니다. 우리는 지금이라도 정신을 차려야 합니다. 우리의 죄는 한두 가지가 아닙니다. 위정자들만의 문제이거나 그들과 연루되어 있는 사람들만의 문제가 아닙니다. 우리 모두 똑같은 인생들입니다. 그동안 수없이 뒤집고 바꾸었음에도 이 일이 또다시 반복되었음을 잊어서는 안 됩니다.

하나님의 말씀을 떠나 사는 것이
우리의 죄입니다

그런데 본문을 자세히 살펴보면, 이스라엘의 모든 죄는 일관된 흐름을 갖고 있었습니다.

"말씀한 것을 듣지 아니하였나이다"(6절 하).
"우리 하나님 여호와의 목소리를 듣지 아니하며"(10절 상).
"세우신 율법을 행하지 아니하였음이니이다"(10절 하).
"주의 율법을 범하고"(11절 상).
"주의 목소리를 듣지 아니하였으므로"(11절 중).

이처럼 다니엘은 죄를 고백할 때마다 "주의 법도와 규례를 떠났고"라고 일관되게 자백했습니다. 즉 이스라엘 백성의 죄가 말씀과 관계되어 있었다는 것을 알 수 있습니다. 하나님의 백성이 하나님이 주신 말씀, 즉 주의 법도와 규례를 떠났다는 것입니다.

다니엘이 죄를 자백한 것에 비추어 우리가 사는 사회와

자신의 삶의 모습을 살펴보십시오. 우리 입에 붙어 있는 제일 흔한 말이 무엇입니까? "말씀대로 참 안 되네. 말씀대로 살기 어렵네"가 아닙니까?

교회와 성도들이 말씀대로 살지 못하는데 누가 그러한 삶을 살 수 있겠습니까? 하나님의 생명의 말씀을 소유했고, 성령이 임재하시고, 교회에 속해 있고, 하나님의 도우심이 삶에 거듭 역사하는 성도들조차 주의 법도와 규례를 따라 살지 않으려 하는데, 이 조국 땅에 법을 지키며 존중할 만한 사람이 몇이나 되겠습니까? 누가 법을 두려워하겠습니까?

피할 수만 있으면 다 피하려 하고, 끝없이 합리화하고, 핑계 대고, 어쩔 수 없었다는 말만 할 뿐, 하나님의 법을 떠나 지키지 않았고 듣지 않았음을 가슴 찢으며 정직하게 고백하는 사람이 몇이나 되겠습니까? 우리가 누구를 탓하고, 누구를 비난하고, 누구를 욕할 수 있겠습니까?

이제 우리의 이야기를 해야 합니다. 오늘날 우리에게는 스스로가 달라지고 조국 사회가 변화되는 일이 간절하게 필요합니다. 우리는 여러 사건을 통해 겪었듯이, 국민들이 마음 아파하는데도 "제가 잘못했습니다"라고 말하는 사람을 한 명도 만나지 못하는 사회를 살고 있습니다. 우리는 언제 "제가 책임자입니다"라고 말하는 사람을 곁에서 보게 될지 모르겠습니다.

성도인 우리조차도 하나님의 말씀을 듣지 않고, 말씀을 등 뒤로 던진 채 주의 법도와 규례를 떠나 세상의 방식과 원리를 따라 철저하게 세속적으로 살면서 누구에게 무슨 법을 지키라고 말할 수 있겠습니까? 다니엘은 하나님 앞에 이 일을 놓고 기도하며 회개했습니다.

본문을 보면, 이스라엘 백성이 말씀을 듣지 않았기 때문에 저주와 재앙과 심판 역시 말씀을 따라 왔음을 알 수 있습니다.

"하나님의 종 모세의 율법에 기록된 맹세대로 되었사오니"

(11절 하).

저주와 심판이 하나님의 종 모세의 율법에 기록된 맹세대로 일어났다는 것입니다. 나라를 빼앗기고 포로로 잡혀갈 것이라고 했는데, 그대로 되었던 것입니다. 다니엘은 이어지는 12절에서는 "하신 말씀을 이루셨사오니"라고 말했습니다. 하나님이 말씀하신 대로 이루어졌다는 것입니다.

다니엘은 죄를 자백하면서 이스라엘이 지금 당하고 있는 모든 상황이 하나도 부당하지 않으며, 특정한 사람 때문에 억울하게 우리까지 덤터기를 썼다고 생각하지 않았습니다. 매우 당연한 말씀이 그대로 우리에게 이루어진 것이라고 고백했습니다.

우리 가운데 다니엘과 같은 사람이 있습니까? "제가 주님이 말씀하신 대로 살지 않아서 지금 주님이 말씀하셨던 일이 조국 땅에 그대로 일어나고 있습니다"라고 기도하며 마음 아파하는 사람이 있습니까? 오락에 불과한 얄팍한 뉴스를 보면서 특정 사람들을 비난하고, 실컷 분노를 분출하기만 하면 되는 것입니까? 우리 스스로를 보면서 가슴을 찢고, 그들의 모습 속에서 죄된 우리의 모습을 보는 것이 진정 오늘날 조국 땅을 향한 주님의 메시지가 아닐까요?

저는 다른 사람들에게 기대감을 갖지 않습니다. 정치가나 언론, 양심껏 운영한다는 NGO 단체들을 바라보지 않습니다. 오직 '그리스도를 믿는 성도들이 어떠한가?'가 제 관심사입니다. 성도가 이 세상과 사건을 어떻게 바라보고 있는가가 가장 중요합니다.

지금은 다니엘처럼 기도해야 할 때입니다. 하나님의 말씀을 떠난 우리에게 하나님이 말씀하셨던 일이 그대로 일어나고 있는 것입니다. 이 모든 것에는 하나의 불의도 없습니다. 형벌조차도 말씀대로 일어날 뿐입니다.

기도가 끝나기도 전에
응답하시고 역사하시는 하나님

그러자 역설적으로 다니엘은 간구의 담력을 얻었습니다. 70년 포로 생활이 마치리라는 말씀이 이루어질 때가 왔다는 사실이 깨달아지자 담력을 가지고 하나님 앞에서 기도할 수 있었습니다.

"강한 손으로 주의 백성을 애굽 땅에서 인도하여 내시고 오늘과 같이 명성을 얻으신 우리 주 하나님이여 우리는 범죄하였고 악을 행하였나이다"(15절).

다니엘은 하나님의 이름을 또 불렀습니다. 그 후 또다시 죄를 인정한 후 이렇게 기도했습니다.

"주여 구하옵나니 주는 주의 공의를 따라 주의 분노를 주의 성 예루살렘, 주의 거룩한 산에서 떠나게 하옵소서"(16절 상).

다니엘은 "공의를 따라 심판하옵소서"가 아니라 "공의를 따라 주의 분노를 떠나게 하옵소서"라고 기도했습니다. 70년이 다 되어 가기 때문이었습니다. 하나님의 말씀대로 저주와 징계가 임했기 때문에, 역설적으로 주의 약속의 말씀을 붙들고 이제 진노를 거두어 달라고 담대하게 기도한 것입니다. 하나님의 긍휼과 자비를 빗대어 기도와 간구의 제목을 올려 드린 것입니다.

우리가 죄를 자백하는 것은 절대로 기도의 담력을 잃

는 행위가 아닙니다. 회개야말로 바르게 기도하는 지름길입니다. 성경이 가르치는 대로 우리가 우리의 죄를 바르게 자백하면 우리는 그때부터 바른 기도와 간구를 시작할 수 있습니다.

세상 사람들은 스스로의 허물과 죄를 인정하지 않으려고 합니다. 성도들이야말로 자신의 허물과 죄가 무엇인지를 알고 인정할 수 있는 유일한 자들이고, 그렇기 때문에 간구의 담력을 동시에 소유하게 됩니다.

최근 우리 사회에 일어나고 있는 수많은 일은 하나님이 우리에게 말씀하셨던 대로 행하신 형벌과 진노와 심판 중에 하나가 아니겠습니까? 그렇게 오랫동안 우리에게 복을 주시고 자격 없는 우리를 선대하셨는데 끝없이 깨닫지 못하고 있는 우리에게 하나님이 "보라! 내가 언제든지 흔들면 너희에게 준 부가 한순간에 무너질 수 있다. 이 사실을 정신 차리고 직시하라"라고 말씀하신 것이 아닐까요?

한국은 조선 분야에서 세계 1등의 자리를 몇십 년간 반복해서 유지했습니다. 그런데 한순간에 급전직하로 추락

했습니다. 제가 젊은 시절, 대학을 졸업한 사람들은 소위 말하는 대기업에 시험도 치지 않고 면접만 보고 들어갔습니다. 겨우 20년 남짓 지났는데 오늘날은 청년들이 일자리를 구하지 못해 절절매는 시대가 되었습니다.

이 나라는 분단으로 인해 그간 수많은 질고를 겪었지만 하나님이 아슬아슬하게 이 땅의 안전을 지켜 주셨습니다. 그런데 정치 구조가 이처럼 힘들고, 많은 백성을 낙담시키고 분노하게 한 일들이 평범하게 소수의 문제 때문이라고만 생각합니까? 우리를 향한 주님의 경고와 경종이라고 느껴지지는 않습니까?

이제 우리는 하나님 앞에 서서 "주께서 말씀하신 대로 되었사오니 이제 진노의 얼굴을 우리에게서 돌이켜 주소서"라고 기도해야 합니다.

다니엘은 17절에서 "그러하온즉 우리 하나님이여 지금 주의 종의 기도와 간구를 들으시고 주를 위하여 주의 얼굴빛을 주의 황폐한 성소에 비추시옵소서"라고 기도했습니다. 주님이 얼굴빛을 다시 비추어 주셔야, 자비와 긍휼을 우리에게 다시 베풀어 주셔야 우리가 살아나고 회복이 일어나지 않겠습니까?

경제나 정치가 문제가 아닙니다. 하나님이 우리에게 등을 돌리시지 않고, 우리에게 얼굴빛을 다시 비추어 주셔야 우리가 살아남을 수 있습니다. 이 작은 땅덩어리가 무엇으로 살아남을 수 있겠습니까? 미국과 중국이라는 강대국이 힘을 가지고 짓누르기 시작하면 남과 북이 어디에 서 있을 수 있겠습니까? 하나님이 얼굴빛을 우리를 향해 비추어 주시지 않으면 우리가 설 수 있는 곳이 어디입니까?

우리는 다니엘이 고백한 것처럼 하나님 앞에 죄를 자백하고, 다니엘이 구한 것처럼 하나님 앞에 구해야 합니다. 그렇게 담력을 가지고 기도할 근거는 바로 말씀에 있습니다.

"주를 위하여 주의 얼굴빛을 주의 황폐한 성소에 비추시옵소서"(17절 하).

다니엘은 '주를 위하여' 주의 얼굴빛을 비추어 달라고

기도했습니다. 이처럼 다니엘은 박력 있게 기도했습니다. "주여, 우리가 살아남고 다시 회복되는 길은 주님의 은택으로 인해 우리가 우리 되는 것입니다. 우리가 주의 이름과 맞붙어 있기 때문에 주님은 주의 영광과 이름을 위해 우리를 살려 주셔야 합니다"라고 기도한 것입니다.

"나의 하나님이여 귀를 기울여 들으시며 눈을 떠서 우리의 황폐한 상황과 주의 이름으로 일컫는 성을 보옵소서 우리가 주 앞에 간구하옵는 것은 우리의 공의를 의지하여 하는 것이 아니요 주의 큰 긍휼을 의지하여 함이니이다"(18절).

주님이 오늘날 교회를 향해서 기대하시고 요구하시는 것이 바로 이것입니다. "하나님, 우리가 죄를 짓지 않았기 때문에 기도하는 것이 아니고, 우리가 다른 사람보다 조금 더 낫기 때문에 기도하는 것도 아닙니다. 오직 주님의 긍휼과 은혜와 자비가 아니면 우리는 망할 수밖에 없는 존재임을 인정하면서 주님께 나아갑니다. 우리를 살려 주옵소서. 언약의 말씀대로 회복시켜 주옵소서." 우리는 이렇게 기도하며 하나님 앞에 나아가야 합니다.

"주여 들으소서 주여 용서하소서 주여 귀를 기울이시고 행하소서 지체하지 마옵소서 나의 하나님이여 주 자신을 위하여 하시옵소서 이는 주의 성과 주의 백성이 주의 이름으로 일컫는 바 됨이니이다"(19절).

이 말씀을 보면 다니엘이 얼마나 보채는지 모릅니다. '주여'가 반복해서 나옵니다. 다니엘은 '주의 성', '주의 백성', '주의 이름' 등 '주'를 계속 반복함으로 하나님께 간구하고 문이 열리기를 구했습니다.

우리도 하나님 앞에 갈급하고도 간절하게 "주여!", "주여!", "주여!", 끝없이 주의 이름을 부르면서 지금 바로 행해 주시기를 고한 다니엘처럼 기도해야 합니다. 틀림없이 지금이 바로 그때입니다.

하나님이 우리의 기도를 사용하셔서 이 땅에 건강한 정치 구조와 경제 구조를 다시 빚어 주시고, 문화와 질서가 안에서부터 밖에까지, 지위가 높은 자부터 일반인에 이르기까지 새로워지는 복된 일이 꼭 이루어지도록 기도해야 합니다. 주의 얼굴빛을 우리에게 다시 비추어 주시기를 간구해야 합니다. 우리를 향한 진노와 끝없는 심판을 멈추어 주시고, 우리에게 베푸신 긍휼과 자비와 사랑을 회복시켜 주시기를 간절히 기도해야 합니다.

이것이 바로 우리가 오늘 해야 할 매우 중요한 기도입니다. 이 기도를 드릴 때 하나님이 하늘 문을 열어 주실 것입니다.

본문 이하인 다니엘 9장 21절을 보면, 놀랍게도 기도가 중단된 것을 알 수 있습니다. 기도가 끝나기도 전에 하나님이 응답하시고 역사하셨기 때문입니다. 우리에게도 이와 같은 귀한 복이 있기를 바랍니다.

PRAY

우리에게 기도를 가르쳐 주소서

2

감사와 함께
하나님을 더욱 알아 가기를 구하라

에베소서 1:15-23

15 이로 말미암아 주 예수 안에서 너희 믿음과 모든 성도를 향한 사랑을 나도 듣고

16 내가 기도할 때에 기억하며 너희로 말미암아 감사하기를 그치지 아니하고

17 우리 주 예수 그리스도의 하나님, 영광의 아버지께서 지혜와 계시의 영을 너희에게 주사 하나님을 알게 하시고

18 너희 마음의 눈을 밝히사 그의 부르심의 소망이 무엇이며 성도 안에서 그 기업의 영광의 풍성함이 무엇이며

19 그의 힘의 위력으로 역사하심을 따라 믿는 우리에게 베푸신 능력의 지극히 크심이 어떠한 것을 너희로 알게 하시기를 구하노라

20 그의 능력이 그리스도 안에서 역사하사 죽은 자들 가운데서 다시 살리시고 하늘에서 자기의 오른편에 앉히사

21 모든 통치와 권세와 능력과 주권과 이 세상뿐 아니라 오는 세

> 상에 일컫는 모든 이름 위에 뛰어나게 하시고
>
> 22 또 만물을 그의 발아래에 복종하게 하시고 그를 만물 위에 교회의 머리로 삼으셨느니라
>
> 23 교회는 그의 몸이니 만물 안에서 만물을 충만하게 하시는 이의 충만함이니라

'나'라는 테두리에서 벗어나 이웃을 위한 감사 기도

우리 삶에서 기도를 대체할 수 있는 것은 아무것도 없습니다. 물론 우리가 이 땅을 경건하게 살아가는 일에 있어서 기도만 필요한 것은 아닙니다. 하지만 골방에서 하나님을 부르는 기도의 시간 없이 경건한 삶을 살기란 불가능합니다. 그런 면에서 오늘 조국 교회와 우리에게 가장 시급한 변화의 출발점은 기도여야 합니다.

앞서 1장에서 우리의 기도는 간구로만 구성되어 있는 것이 아니라 죄를 자백하고, 애통하고, 토설하는 회개가 포함되어 있다는 점을 살펴보았습니다. 오늘 우리가 몸담고 사는 조국 사회는 누구보다도 성도들의 정직한 회개와 애통하는 마음에서 비롯된 죄의 자복을 필요로 하고 있습니다. 애통하는 회개와 자백하는 기도는 기도의 중요한 요소입니다.

이제 에베소서에서 기도의 또 하나의 중요한 요소를 발견하게 됩니다. 즉 주님이 우리에게 가르쳐 주기를 원하시는 기도는 바로 감사 기도입니다.

사도 바울은 에베소서 1장을 기록하면서 "내가 기도할 때에 기억하며 너희로 말미암아 감사하기를 그치지 아니하고"(16절)라고 말했습니다. 이는 "내가 너희를 기억하고, 기도할 때마다 감사한다"라고 말한 것입니다. 시편에서 하나님은 "감사로 제사를 드리는 자가 나를 영화롭게 하나니 그의 행위를 옳게 하는 자에게 내가 하나님의 구원을 보이리라"(시 50:23)라고 말씀하셨습니다.

하나님 앞에 서서 하나님께 바른 감사를 드릴 때 하나님이 얼마나 좋아하시고 영광을 받으실까요? 성도는 하나님이 베푸신 수많은 은택으로 인해 감사해야 합당합니다.

본문에 앞선 에베소서 1장의 3-14절은 한글 성경에는 여러 절로 분절되어 있지만 원문에 의하면 마침표가 없이 전체가 한 절로 되어 있습니다. 이 긴 절은 삼위 하나님이 주권적으로 우리에게 베풀어 주신 사랑과 구원의 복됨을 찬양하고 있습니다.

이 한 절이 드디어 마침표를 찍은 후 바로 이어지는 절이 15절입니다. 여기서 바울은 "이로 말미암아"라는 말로 기도를 시작했습니다. 이는 삼위 하나님이 주권적으로 베풀어 주신 많은 은택과 복락으로 말미암아 기도할 때마다 감사를 드린다는 의미입니다. 하나님이 주권적으로 베풀어 주시고 허락하신 사랑과 구원에 절절한 감사를 표현한 것입니다.

바울이 무려 10절이 넘는 무수한 절에서 마침표를 찍어 낼 수 없을 정도로 쏟아 낸 은혜에 감격한 모습을 묵상하고 전하는 것은 저에게 큰 즐거움 중에 하나입니다. 에베소서 1장을 묵상할 때마다 정말 행복합니다.

우리는 주님 앞에 기도를 배워 가며 기도를 드려야 합니다. 하나님 앞에 감사가 가득 담긴 기도, 우리의 중심에 하나님이 주권적으로 베풀어 주신 귀한 사랑과 복된 구원으로 인한 감사가 풍성한 기도야말로 우리가 배워야 할 기도 중에 하나입니다.

그런데 놀랍게도 바울은 주님이 베푸신 주권적인 사랑과 은혜와 구원으로 말미암아 감사하되, 그 대상을 자신이 아니라 이웃으로 했습니다.

"이로 말미암아 주 예수 안에서 너희 믿음과 모든 성도를 향한 사랑을 나도 듣고"(15절).

성도들 안에 하나님의 주권적인 역사와 은택이 임해 믿음과 사랑의 소문이 들리는데, 그들을 위해 기도할 때마다 감사가 그치지 않았다는 뜻입니다.

이처럼 기도의 중요한 요소 중에 하나는 감사인데, 바울의 감사의 대상은 자신이 아니라 이웃이었습니다. 하나님이 나에게 베푸신 은택에 대한 감사는 틀림없이 귀한 요소입니다. 그런데 바울은 놀라운 하나님의 주권적인 사랑과 구원이 동료 신자들의 삶에 풍성하게 이루어지는 모습을 보고 감격하고 기뻐했습니다.

우리가 기대하는 부흥이 바로 이것입니다. 오늘날은 너무나 주관적인 시대이고 자기중심적이어서 성도들조차 자기 테두리를 벗어나지 못하는 아픔을 겪고 있습니다.

그런데 우리는 달라야 합니다. 내가 아니라 다른 사람이 하나님의 은택을 누리고, 그의 삶에 믿음이 풍성하게 드러나고, 믿음의 진정한 증거인 사랑이 절절히 묻어날 때 내가 감사하고, 내가 기뻐야 합니다.

그저 나 한 사람 안에서가 아니라, 나와 가까운 소수가 아니라, 내 목장에서 내가 섬기고 있거나 나와 관계된 몇몇 사람들만이 아닙니다. 비록 멀리 떨어져 있어 잘 알지는 못하지만, 다른 나라의 선교지에서 들려오는 소식, 즉 사람들이 하나님의 은택과 역사의 귀한 영광 안으로 들어

오고 있다는 소문을 들으면서 함께 기뻐하고 감격하는 기도가 많이 쏟아져야 합니다.

지난 30년 동안 하나님은 조국 교회에 터무니없다고 말할 수밖에 없을 만큼 많은 복을 주셨습니다. 그런데 우리는 받은 복을 얼마나 흘려보내고 있습니까?

이제 나에게 일어난 기쁜 일들에 대해 감사하는 것만이 아니라 다른 사람이 복 받은 것을 보면 기뻐해야 합니다. 그가 믿음으로 살고 믿음의 증거인 사랑이 그의 삶에 잘 묻어난다는 좋은 소식이 들리면 좋아서 하나님 앞에 그치지 않고 감사 기도를 드리는 일이 우리 안에 많이 일어나야 합니다.

우리의 첫 번째 기도 제목, 하나님을 더욱 알게 하소서

바울은 삼위 하나님의 주권적인 사랑과 은택, 구원으로 말미암아 감사하다는 고백으로 기도를 열었습니다. 그런

그가 기도한 내용이 무엇입니까?

"우리 주 예수 그리스도의 하나님, 영광의 아버지께서 지혜와 계시의 영을 너희에게 주사 하나님을 알게 하시고" (17절).

앞서 살펴보았듯이, 우리가 기도할 때 가장 먼저 해야 하는 것은 '하나님을 부름'입니다. 바울은 먼저 "우리 주 예수 그리스도의 하나님, 영광의 아버지"라고 하나님을 부른 후 "지혜와 계시의 영을 너희에게 주사 하나님을 알게 하시고"라는 기도의 제목을 올려 드렸습니다.

에베소 성도들은 하나님을 알고 있었습니다. 그럼에도 바울은 "하나님을 알게 하시고"라고 기도했습니다. 바로 앞에서 바울은 삼위 하나님의 풍성한 은택과 사랑을 이미 알고 '이로 말미암아' 그들을 위해 감사했습니다. 그리고 이어서 하나님께 올려 드린 첫 번째 기도 제목이 "하나님을 알게 하시고"였습니다.

우리의 첫 번째 기도 제목도 "하나님을 알게 하소서"가

되어야 합니다. 이는 주님을 전혀 모르니 알게 해달라는 것만을 의미하지 않습니다. 주를 알고 있는데 더 많이, 더 온전히, 더 제대로 알게 해달라는 기도입니다. 우리가 죽을 때까지 첫 번째 기도 제목으로 삼기에 손색이 없는 기도 제목입니다.

하나님은 알면 알수록 더 알고 싶고, 더 신묘막측하신 분입니다.

제가 성경 말씀을 연구한 지 30년이 되었습니다. 만약 제가 성경이 아니라 다른 분야를 연구했다면 그 분야의 전문가가 되었을지도 모르겠습니다. 그런데 성경은 30년을 연구했는데도 잘 모르겠습니다. 본문인 에베소서 1장만 해도 얼마나 행복해하면서 몇 년을 설교했는지 모릅니다. 그런데 또 이 본문을 묵상하니 낯이 설고 마스터했다는 느낌이 전혀 들지 않았습니다. 이처럼 성경은 열 때마다 매우 새롭고, 독특하고, 영광스러운 책입니다.

하나님을 알아서 믿는 초보적인 지식에 머물러 있어서는 절대로 안 됩니다. 하나님을 부르는 부름이 더욱 풍성해져야 하고, 기도의 골방이나 예배의 자리에서 하나님을 하나님답게 부를 수 있어야 합니다. 이를 위해서는 인격적인 관계 안에서 고백하고 만난 하나님을 더욱 알아 가야 합니다.

에베소서는 상대적으로 늦게 쓰인 서신입니다. 어떤 학자들은 에베소서를 로마서와 비교할 수 없는, '바울 신학의 꽃봉오리'라고 표현할 만큼 매우 영광스러운 책으로 소개합니다. 그런 에베소서에 기록된 바울의 첫 번째 기도 제목은 "하나님을 알게 하시고"였습니다.

하박국 선지자는 "수년 내에 부흥하게 하옵소서"(합 3:2)라고 기도했습니다. 그런데 사실 부흥의 핵심은 하나님을 아는 지식이 증가하는 것입니다.

바울은 하나님을 단지 머리로 아는 것이 아니라, 우리의 사전적인 지식이나 역사적인 지식으로 알아 가는 것이 아니라 인격적인 사귐과 교제를 통해 알아 가기를 기도했습니다. 더해지면 더해질수록 하나님을 더욱 사랑하고, 더욱 닮아 가고, 예배의 자리로 우리를 인도하는 지식이 더해지기를 기도한 것입니다.

진정 하나님이 수년 내에 우리를 부흥시켜 주시기를 사모한다면 우리의 영혼 속에 하나님을 아는 지식을 더 많이, 더 풍성히, 더 복되게, 더 인격적이고 친밀하게 더해 달라고 하나님께 기도해야 합니다. 막연하거나 모호하지 않고, 선명하고, 확실하고, 풍성하게 하나님을 아는 지식 말입니다.

바울은 에베소 성도들이 하나님을 아는 지식을 갖게 해 달라고 기도했습니다. 그리고 여기서 그치지 않고, 하나님을 아는 목적에 이어 하나님을 아는 방법을 위해서도 기도했습니다. "하나님을 알게 해주십시오"라고만 기도해도 훌륭한데 하나님을 알기 위한 방법인 "지혜와 계시의 영을 주사 하나님을 알게 하소서"라고 기도했습니다.

지적 능력이 뛰어나다고 해서 하나님을 더 잘 아는 것이 아닙니다. 하나님을 아는 일에 있어서 가장 귀한 사역을 하시는 분은 성령 하나님이십니다. 성령이 우리에게 지혜와 계시를 주실 때, 즉 귀한 진리의 말씀을 우리에게 들려

주시고 밝혀 주실 때 우리에게 하나님을 아는 지식이 생기는 것입니다.

그래서 우리는 막연하게 "하나님을 더 알게 해주십시오"라고 기도하지 말고, "성령님, 지혜와 계시를 주셔서 하나님을 알게 도와주시옵소서"라고 기도해야 합니다. 세월이 흐르며 신앙의 연조가 10년, 20년, 30년 더해 갈수록 하나님을 부르는 부름이 더욱 풍성하고 영화롭게 되도록 "성령님, 제게 지혜와 계시의 영을 주십시오"라고 기도하십시오.

사람들이 복음을 깨닫지 못하는 이유는 순전하게 지식이 모자라서가 아닙니다. 성령의 도우심이 없으면 머리는 끄떡여도 진짜 깨달아지지는 않습니다. 하나님의 성령의 지혜와 계시가 반드시 필요한 것입니다.

때로 육체적인 기질을 따라 열심인 성도가 있을 수 있습니다. 하지만 성령의 지혜와 계시 없이 단지 육체의 열심만 따르면 너무 많은 위협에 노출됩니다. 오직 성령이 지혜와 계시를 주사 우리로 하여금 하나님을 알도록 도와주시면 성향과 기질과 관계없이 하나님을 알게 됩니다.

오늘 조국 사회는 하나님의 진리의 말씀의 부요함과 풍성함이 드러나야 할 대로 드러나지 못하기에 기질과 성향 수준 안에서만 신앙생활을 하고 있습니다.

때로는 깨뜨릴 것들을 깨뜨려야 합니다. 나는 원하지 않고, 스스로의 힘으로는 할 수 없지만 하나님의 말씀이 원하면 굴복해야 합니다. 성령의 도우심을 받아서 깨뜨려야 할 부분을 과감하게 깨부수어야 합니다. 그런데 우리는 너무나 생긴 대로 살아갑니다. 신앙생활은 하지만 테두리를 벗어나지 못합니다.

하나님을 아는 지식이 성령이 주시는 지혜와 계시를 따라 우리에게 임하는 것이 바로 부흥의 핵심입니다. 조국 교회가 사는 지름길이 여기에 있습니다.

마음을 한데 모아 성령이 지혜와 계시를 풍성히 주셔서 하나님을 알게 해주시기를 간절히 기도하십시오. 한 편의 설교를 듣고 특정한 설교자를 좋아하는 것 말고, 어떤 설교를 듣더라도 주님의 계시의 말씀을 열 때마다 성령이 하나님을 알도록 도와주시는 영광이 우리의 삶에 풍성하게 있도록 기도해야 합니다.

하나님을 알게 해달라는 귀한 기도는 동전의 양면과도 같아서 또 다른 측면에서의 기도 제목들을 수반합니다.

하나님이 얼마나 많은 은혜를 주셨는지를 아는 것은 매우 중요합니다. 하지만 바울은 이에 앞서 '하나님을 아는 것'을 첫 번째로 내세웠다는 점을 우리는 기억해야 합니다. 하나님의 은택을 잊어버리지 않고 하나님께 적절한 감사와 영광을 돌리는 일은 사람의 마땅한 도리인데, 바울에게 있어서는 그보다 먼저 하나님 자신을 아는 것이 성도들을 향한 가장 중요한 기도 제목이었던 것입니다. 그만큼 중요하기 때문입니다.

우리는 하나님이 우리에게 베푸신 은택을 알되, 제대로 알아야 합니다. 바울은 본문에 앞선 에베소서 1장 3-14절에 기록된 은택들을 찬양하면서 감격해 고백하는 데 그치지 않고 하나님이 그 너비와 길이와 높이와 깊이를 더해 주시기를 사모했습니다. 이를 위해 성도들의 마음의 눈을 밝혀 주셔서 특정한 핵심 진리를 이해하는 데 필요한 통찰력을 주시도록 기도했습니다.

이것은 앞서 구한 기도 제목의 또 다른 측면에 대한 간구라고 볼 수 있습니다. 성도들의 모든 경험과 성장에 있어서 기본이며, 하나님께 구하지 않고는 하나님을 아는 지식에서 제대로 자라 갈 수 없기 때문입니다.

바울은 "너희 마음의 눈을 밝히사"(18절 상)라고 기도했습니다. 앞서는 하나님께 지혜와 계시의 영이신 성령을 보내 주셔서 하나님을 알게 해달라고 기도했습니다. 그런데 우리 편에서 이루어져야 하는 일이 있습니다. 성령이 오셔서 우리 인격과 삶의 핵심인 마음의 눈을 열어 주셔서 우리 안에 남아 있는 무지함과 어둠을 밝혀 주셔야 합니다. 신앙은 인격의 제일 중심인 마음에 있습니다. 나를 나 되게 하는 마음에 신앙이 자리하고 있는 것입니다.

하나님은 우리가 그저 머리로 깨달아서 고개를 끄떡이기를 원하시지 않습니다. 오늘 조국 교회가 많이 하듯 비록 지식은 조금 모자랄지 몰라도 손발이 잘 움직이는 것이 아니라, 우리 인격의 제일 핵심인 마음의 눈이 열려서 동전의 또 다른 한 면을 보기를 원하십니다.

바울은 이를 위해 3가지의 기도를 드렸습니다.

"너희 마음의 눈을 밝히사 그의 부르심의 소망이 무엇이며 성도 안에서 그 기업의 영광의 풍성함이 무엇이며 그의 힘의 위력으로 역사하심을 따라 믿는 우리에게 베푸신 능력의 지극히 크심이 어떠한 것을 너희로 알게 하시기를 구하노라"(18-19절).

하나님을 알되,
부르심의 소망이 무엇인지 알게 하소서

첫째로, 바울은 하나님의 부르심의 소망이 무엇인지 알게 하시기를 간구했습니다.

하나님은 우리를 불러 성도로 삼으셨습니다. 우리는 하나님이 우리를 부르셨다는 사실이 우리에게 주는 소망이 무엇인지 알아야 합니다. 성경이 말하는 '소망'이란 막연한 희망 사항이 아닙니다. 확실하고, 요동하지 않으며, 견고해서 반드시 될 일인데 시간이 아직 이르지 않아서 실현되지 않고 있는 것을 의미합니다.

주님이 성도로 삼으시고, 구원을 주시고, 하나님을 알게 하시려고 우리를 부르셨다는 사실은 매우 확실하고 견고한 소망을 우리에게 가져다줍니다.

하나님의 부르심의 소망은 두 가지 형태로 나눌 수 있습니다. 하나는 객관적인 부르심의 소망이요, 또 하나는 주관적인 부르심의 소망입니다.

먼저, 부르심을 받은 모든 진실한 성도는 동일한 객관적인 부르심의 소망을 갖습니다. 하나님의 부르심은 하나님이 반드시 나를 점도 없고, 흠도 없고, 티나 주름 잡힌 것도 없는 하나님의 신실한 자녀가 되도록 실패함 없이 빚어내고야 마실 것이라는 소망을 줍니다.

모든 성도는 이 부르심의 소망을 견고히 붙들어야 합니다. 때로 우리 안에서 일어나는 변화가 더디고, 믿음의 경주를 하다가 스스로에게 낙심하고, 지체들에게 실망할 일이 일어납니다. 이때 성도들은 부르심의 소망을 견고하게 붙들어야 합니다.

하나님은 인생이 아니시기에 시작한 일을 멈추시는 법이 없습니다. 하나님이 우리를 불러서 예수님을 믿게 하신 것은 하나님이 틀림없이 우리를 소망에까지 데려가시리라는 확신 가운데 하나이기도 합니다. 하나님은 우리를 부르셨다가 "얘야, 너는 안 되겠다. 네게 쓸 시간이 없으니 다른 사람한테 가마"라고 말씀하시지 않습니다. 하나님이 우리를 부르셨을 때 우리가 중도에 탈락하는 일은 있을 수 없습니다.

물론 믿음에 견고히 서서 진리를 붙들어야 하는 우리 편에서의 책임이 없는 것은 아니지만, 하나님 편에서만 보면 하나님이 우리를 부르셨다는 사실에는 요동할 수 없는 견고한 확신, 분명한 소망이 있습니다.

바울은 성도들이 이러한 부르심의 소망이 무엇인지 알기를 원했습니다. 부르심의 소망은 우리를 절대로 실망시키지 않는다는 사실을 알고 믿음의 경주를 끝까지 경주하라고 이야기한 것입니다. 이 말은 "나태하게 살아도 된다. 어떻게 살든 구원받는다"라는 의미가 아닙니다. 부르심의 소망이 이와 같으니 견고히 붙들고 살아가라는 뜻입니다.

다음으로, 주관적인 부르심의 소망도 있습니다. 저는 하나님이 목회자로 부르실 때 주관적인 부르심의 소망을 깨달았습니다. 그저 목회가 좋아서 선택한 것도 있었지만 하나님이 나를 부르셨다는 사실을 깨닫고 그 부르심을 따랐습니다.

우리 각자는 하나님이 우리를 이 모양으로 빚어 놓으시고 구원하신 데는 반드시 목적과 목표가 있다는 부르심의 소망을 깨달아야 합니다. 그러므로 막연하게 좋은 삶을 살면 되는 것이 아닙니다. 뚜렷한 목표 없이 단지 NGO 단체에 들어가서 일하겠다는 것은 좋은 생각이 아닙니다. 물론 그 일에 부르심을 받은 사람은 평생 그 삶을 살아야 할 것입니다.

하지만 우리 가운데 많은 사람은 평생을 한 아내의 남편으로, 한 남편의 아내로, 아이들의 어머니와 아버지로 평범해 보이는 삶을 살도록 부르심을 받았습니다. 그것은 보람 없는 삶이 결코 아닙니다. 그 안에 우리를 향한 하나님의 독특하고 특별한 부르심이 있다는 사실을 잊지 마십시오.

무엇인가 훌륭하고 거대해 보이는 어떤 사람만 부르심을 받은 것이 아닙니다. 하나님은 목적 없이 우리를 부르시지 않습니다.

믿음의 선배들은 "최선의 제일 강한 대적과 원수는 차선이다"라고 자주 말했습니다. 안타깝게도 오늘날은 많은 사람이 부르심의 소망을 받들어 섬기는 감격을 누리지 못하고 있습니다. 하나님이 나를 어디에 부르셨고, 무엇을 위해 부르셨는지 모르는 채 살아갑니다. 단지 차선, 즉 막연하게 좋고 선해 보이는 일을 하면서 살기를 원하는, 너무나 피상적이고 얄팍한 영성의 시대가 되어 버렸습니다.

막연한 착한 일이 우리를 복되게 하는 것이 아닙니다. 하나님이 우리를 부르신 부름이 무엇인지를 바로 알고 그 일을 해야 합니다.

막연하게 남들이 존경하고 인정할 만한 삶 말고, 그저

남들이 원하는 대로 사는 인생 말고, 남들이 알아주든 몰라주든 아무 관계없이 하나님이 보내신 줄 알고 그 자리에 서서 묵묵히 자신에게 맡겨진 일을 감당하는 이들이 필요합니다. 자녀를 기르는 평범해 보이는 삶이든, 아니면 도드라지게 표가 나는 삶이든 아무 관계없습니다. 부르심의 소망이 무엇인지 알고, 하나님의 부르심을 받들어 섬기는 귀한 성도들이 많아지기를 기대하고 축복합니다.

기업의 영광의 풍성함을 밝히 알게 하소서

둘째로, 바울은 기업의 영광의 풍성함이 무엇인지 알게 하시기를 기도했습니다. 그리스도 안에서 함께 후사가 된, 즉 하나님의 가정에 함께 상속인이 된 아무 공로 없는 우리에게 예수님 때문에 얼마나 풍성한 기업(유산)이 예비되어 있는지를 알게 해주시기를 기도한 것입니다.

우리가 기대하는 부흥의 중추 중에 하나는 하나님의 영

광을 눈에 보듯 보는 것입니다. 부흥을 경험하고 나면 하나님의 영광이 보입니다. 그래서 구주께서 땅에 계실 때 비유하신, 밭에 감추인 값진 보화를 발견하고 나서 가진 소유를 다 팔아 밭을 사면서 기뻐하고 감격한 농부처럼, 성도들은 이 땅을 살아가는 동안 기업의 영광의 풍성함에 눈이 열립니다.

이 땅에서 살면서 주를 위해 희생하고, 주를 위해 내려놓고, 주를 위해 포기하는 일은 얼마나 감격스럽습니까? 아깝고 주저하는 차원이 아니라 전 재산을 팔아서 보화가 감추인 밭을 얻을 수만 있다면 무엇을 드려도 아깝지 않을 것입니다.

바울은 성도들의 눈이 열려서 그리스도 안에서 같이 후사 된 우리에게 하나님이 허락하시는 기업의 영광의 풍성함이 무엇인지 알게 되기를 기도했습니다.

우리가 사는 이 시대는 건강한 의미에서 미래를 준비하지 않습니다. 너무나 감각적이고 자극적입니다. 그러니 영원에 대해서는 더욱더 준비하려고 하지 않습니다. 세상은 사람들에게 무엇인가를 남기고 가야 한다고 가르칩니다. 이름과 업적, 성취를 남겨야 한다고 끝없이 말합니다.

그러나 성경적으로 말하면, 우리가 이 땅에 무엇을 남겼느냐는 핵심이 아닙니다. 마지막 순간에 하나님 앞에 섰을 때 그분이 원하시는 모습으로 빚어져 있는 것, 그 기업의 영광의 풍성함이 무엇인지 알고, 사모하고, 목마르게 기다리는 모습으로 주님 앞에 나타나는 것이 진짜 영광이요, 복락입니다.

우리는 자꾸 땅에서만 살려고 하고, 땅에 무엇인가를 남기려고 합니다. 조국 교회를 보면 기껏해야 잘 믿는다는 사람이 의식 있는 사람입니다. 그런데 의식 있는 사람은 잘못하면 신앙의 제일 큰 거침돌이 됩니다. 신앙은 의식이 아니기 때문입니다.

한 예로, 그는 의식이 있어 의식을 붙들고 있기에 용서가 힘듭니다. 신앙생활을 하면 건강하게 용서할 수 있는데, 그는 의식 수준에 머물러 있기 때문에 용서하지 못하는 것입니다.

신앙은 우리가 이 땅에 무엇을 남기고, 이 땅에서 무엇을 하느냐보다 내세에 얻을 기업의 영광의 풍성함을 알고, 그날 하나님 앞에 어떤 모습으로 서는지가 더 중요하다는 사실을 알아 거기에 마음의 눈을 드리고, 중심을 맞추고, 하나님 앞에 그 일을 목마르게 사모하면서 이 땅을 살아가는 것입니다.

의식 있게 사는 것을 신앙생활을 하는 양 착각해서는 곤란합니다. 그 피상성, 얄팍함을 주의하십시오.

바울은 우리같이 티끌 같은 인생이 주님의 얼굴을 마주 뵙고, 주님과 거의 유사한 인격을 가진 존재로 드러나고, 눈물도, 탄식도, 아픔도, 낙심도, 좌절도, 원함은 있으나 행함은 없는 고통까지도 다 멈추게 하는 기업의 영광의 풍성함이 무엇인지를 알게 해달라고 구했습니다.

이러한 바울의 기도 제목이 우리의 기도 제목이 되어야 합니다. 우리는 주님 앞에 이런 기도를 드려야 합니다. 자녀가 좋은 대학에 가서 감사하고, 병에 걸렸다가 나아서 감사하는 기도에 그쳐서는 안 됩니다. 나이가 들어 중병에 걸렸다고 해서 입원했는데 오진 판정을 받았다면 감사하지 말고 '좋은 기회 놓쳤다'라고 생각하며 사십시오.

이 땅을 그러한 마음으로 살아가면서 기업의 영광의 풍성함을 사모하는 마음을 주님께 드리고, 하나님이 열어 주시는 마음의 눈을 따라 영광의 풍성함을 알게 해달라고 기도합시다.

하나님이 베푸신 능력의
지극히 크심을 깨닫게 하소서

셋째로, 바울은 하나님이 우리에게 베푸신 능력의 지극히 크심이 어떠한 것을 알게 해달라고 기도했습니다.

기독교의 교리는 정통이지만 죽은 기독교는 기독교일 수 없습니다. 지식과 이론은 무성하지만 인격을 변화시키는 능력이 없는, 삶이 죽어 있는 기독교는 기독교라 할 수 없습니다. 그런 기독교는 불가능합니다.

바울은 성도들이 각자의 삶의 자리에서 하나님이 얼마

나 큰 능력으로 역사하시는지를 알고 누리며 살기를 기도했습니다.

우리가 하나님의 진리를 바르게 알고 있다면, 그 귀한 진리를 따라 바르게 성도가 되었다면 우리 안에 놀라운 권능이 역사하고 있다는 사실을 알아야 하고 능력 있는 삶이 드러나야 합니다.

물론 그러한 소원을 가졌다고 해서 목표 지점까지 한순간에 달려갈 수 있는 것은 아닙니다. 하지만 말씀이 우리에게 임하면 더딘 것 같아도 반드시 빚어내고야 맙니다. 세상이 말하는 능력이 아니라 하나님의 큰 능력, 우리의 죄 짐을 대신 지고 돌아가셨을 뿐 아니라 사망의 권세를 멸하신 주님의 큰 능력이 우리 안에 역사하고 있기 때문입니다.

하나님의 능력은 사망 자체를 종지부 찍은 능력입니다. 인류의 역사 안에 사망을 이기는 힘은 없었습니다. 사람들은 이런 능력, 저런 힘 등으로 온갖 과학과 기술을 발전시켰으나 사망 자체를 종식시키는 능력은 존재하지 않았습니다. 그런데 우리 안에 예수님을 사망에서 일으키신 하나님의 권능이 역사하고 있는 것입니다. 바울은 그 위대한 능력이 우리 안에 역사하고 있다는 사실을 우리가 알기를 기도했습니다.

그런데 이 말은 반대로, 성도가 모를 수 있다는 뜻을 내포하고 있습니다. 어두워져서 무지함 가운데 그 귀한 능력을 모르는 채 자기 능력만 믿고 살다가 낙심할 수 있다는 의미입니다.

우리 안에 사망을 종지부 찍고, 인생의 제일 큰 고통인 죄를 파멸시킨 사건이 예수님의 부활입니다. 바울은 예수님의 부활의 귀한 권능이 우리 안에 역사하고 있다는 사실을 우리가 알기를 기도했습니다.

이 능력은 예수님을 죽은 자 가운데서 살린 능력만이 아니라 그분을 하나님 우편에 앉힌 능력입니다. 하나님 우편에 앉으신 것은 최고 통치권을 의미합니다. 하늘과 땅의 모든 권세와 권능이 전부 우리 구주께 있는 것입니다.

혹시 고난과 고통을 겪고 있습니까? '남들은 잘하고 있는 것 같은데 나는 왜 이렇게 고통스러운가?' 하며 고민하고 있습니까?

우리가 슬플 때도 기쁠 때 못지않게 구주의 완전한 다스리심 안에 있음을 기억하십시오. 이 세상은 주님의 통치를 벗어나서 자기들의 원칙대로 움직일 수 없습니다. 우리를 위해 죽으셨을 뿐 아니라 살아나신 예수님이 하나님 우편에 앉아 최고 통치권을 가지고 나라와 민족과 역사와 만물과 하늘과 땅을 친히 다스리고 계시며, 우리의 슬픔을 보시고 아십니다.

우리는 고통 없는 삶이 복이라고 생각합니다. 하지만 하나님은 사랑하는 자녀들마다 내버려 두지 않으시고 매질하시고 간섭하십니다. 따라서 때로 우리에게 고통과 질고가 있을 수 있습니다. 하지만 하나님의 다스리심과 통치가 미치지 않는 곳은 결코 없음을 기억해야 합니다.

본문 22절에서 바울은 "또 만물을 그의 발아래에 복종하게 하시고 그를 만물 위에 교회의 머리로 삼으셨느니라"라고 말했습니다.

여기서 더 중요한 사실을 하나 발견하게 됩니다. 한글 성경은 핵심을 다소 살리지 못했는데, "그를 교회의 머리로 삼으셨느니라"라는 말씀이 원문에는 "그를 교회를 위해 머리로 삼으셨느니라"라고 되어 있습니다. 이는 주님께 있는 모든 최고 통치권, 하늘에 있는 것이나 땅에 있는 것이나, 모든 권세나 권능이 교회를 위해, 즉 우리를 위해 사용되도록 하나님 아버지께서 아들 하나님을 교회의 머리로 삼으셨다는 뜻입니다.

우리는 교회가 손가락질당하고 비난받는 시대를 살고 있습니다. 그래서 성도들은 자주 교회가 망하지 않을까 두려워합니다. 우리는 세상으로부터 오는 비난과 손가락질을 겸허한 마음으로 받아야 합니다. 그러나 그 말을 귀담아듣고, 정말 죄송하고 두려워하면서 들을지라도 마음 깊은 곳에서는 하나님에 대한 견고한 믿음, 요동하지 않는 확신을 붙들고 있어야 합니다.

하나님은 모든 권세와 능력을 가지고 아들 하나님을 교회를 위해 머리로 삼아 주셨습니다. 정말 부끄럽고 죄송하지만, 성경은 하나님이 그 권세, 최고 통치권을 우리를 위해 쓰신다고 말합니다. 그리고 바울은 하나님이 그 놀라운 권능을 우리를 위해 쓰시는 줄을 우리가 알게 해달라고 기도했습니다.

우리는 이렇게 기도해야 합니다. "하나님을 알되, 하나님이 우리를 부르신 부르심의 소망이 무엇인지 알게 하소서. 하나님이 우리에게 주신 기업의 영광의 풍성함이 무엇인지 알게 하소서. 하나님이 어린아이 같은 우리를 위해 주신 능력의 지극히 크심이 어떠한지를 알게 하소서."

그럼으로써 곳곳에 탄식 소리가 끊이지 않는 조국 땅에 사람들의 아픔이나 질고를 알지도 못한 채 좋은 일들만 이야기하는 얄팍한 승리주의가 아니라, 고통과 슬픔에도 불구하고 하나님을 신뢰하는 데서 비롯한 살아 있는 승리가 있는 귀하고 놀라운 감격이 있기를 바랍니다.

하나님이 우리가 가는 곳곳마다 일으켜 내고, 살려 내고, 새롭게 하는 귀한 부흥과 복됨을 넘치도록 허락해 주시기를 바라고 축복합니다.

때로 우리에게 고통과
질고가 있을 수 있습니다.
하지만 하나님의 다스리심과
통치가 미치지 않는 곳은
결코 없음을 기억해야 합니다.

PRAY

우리에게 기도를 가르쳐 주소서

3

능력으로
강건하게 되기를 구하라

에베소서 3:14-21

---

14 이러므로 내가 하늘과 땅에 있는 각 족속에게

15 이름을 주신 아버지 앞에 무릎을 꿇고 비노니

16 그의 영광의 풍성함을 따라 그의 성령으로 말미암아 너희 속사람을 능력으로 강건하게 하시오며

17 믿음으로 말미암아 그리스도께서 너희 마음에 계시게 하시옵고 너희가 사랑 가운데서 뿌리가 박히고 터가 굳어져서

18 능히 모든 성도와 함께 지식에 넘치는 그리스도의 사랑을 알고

19 그 너비와 길이와 높이와 깊이가 어떠함을 깨달아 하나님의 모든 충만하신 것으로 너희에게 충만하게 하시기를 구하노라

20 우리 가운데서 역사하시는 능력대로 우리가 구하거나 생각하는 모든 것에 더 넘치도록 능히 하실 이에게

21 교회 안에서와 그리스도 예수 안에서 영광이 대대로 영원무궁하기를 원하노라 아멘

성경이 말하는
능력을 구하는 기도

오늘의 조국 교회는 어딘지 모르게 공허하고, 경박하고, 피상적이라는 느낌을 지울 수가 없습니다. 간혹 열정적으로 기도하는 사람들을 만나기는 하지만 그들의 기도가 본받고 싶은 기도라기보다는 왠지 모르게 자신의 감정을 배설하고 있다는 느낌을 주는 것은 왜일까요?

이러한 조국 교회와 우리 자신의 변화에 있어서 가장 중요한 출발점은 기도가 되어야 합니다. 성경이 가르치는 기도로 돌아가는 것이 기도의 변화에 있어서 급선무입니다.

우리는 계속해서 성경에 나오는 기도들을 살펴보고 있습니다. 성경을 기준으로 기도하는 습관을 가진 기도의 사람들을 키워 내는 것뿐 아니라 바로 우리가 성경대로 기도하는 그 사람이 되는 일이야말로 조국 교회와 우리 자신의 부흥을 위해 매우 중요한 첫걸음이 될 것입니다.

에베소서 3장은 우리가 무엇을 간구해야 하는지를 가르쳐 줍니다. 우리가 구해야 하는 기도는 한마디로 '능력을 구하는 기도'입니다. 바울은 본문에서 능력을 구하되, 무엇을 위한 능력인지도 알려 줍니다.

오늘 조국 교회는 한마디로 연약합니다. 성도들이 너무나 쉽게 패배주의와 냉소주의에 사로잡혀 있고, 믿음으로 사는 신실한 싸움에 뛰어들기보다는 '믿음으로 과연 될까?' 하고 회의적으로 생각하는 이들이 적지 않습니다.

사람들은 자신의 능력을 가지고 스스로를 유익하게 하는 데 집중합니다. 조금이라도 권세가 있는 사람들은 그 권세를 전부 사용해 오로지 자기를 기쁘게 합니다.

한 예로, 사도행전 8장에는 시몬이라는 사람이 등장합니다. 그는 베드로가 기도하고 하나님의 말씀을 가르칠 때 성령이 임하시는 모습을 보고는 베드로에게 "이 권능을 내게도 주어 누구든지 내가 안수하는 사람은 성령을 받게 하여 주소서"(행 8:19)라고 청했습니다.

그 말을 들은 베드로는 시몬에게 "네가 하나님의 선물을 돈 주고 살 줄로 생각하였으니 네 은과 네가 함께 망할지어다"(행 8:20)라고 하며 저주를 퍼부었습니다. 시몬은 능력을 구하는 자세가 잘못되어 있었던 것입니다.

자기를 기쁘게 하고, 남에게 자신을 돋보이게 하고자 능력을 구하는 것은 성경의 정신이 아닙니다. 기독교는 사람들의 죄 짐을 대신 지고 돌아가신 구주를 믿는 종교입니다. 우리는 공부 잘하는 능력, 경쟁에서 이겨 남들보다 한 걸음이라도 앞서 가는 능력, 남들보다 더 잘되는 능력 등 무당 종교나 이방 종교가 원하는 비기독교적인 능력을 구해서는 안 됩니다.

그렇다면 성경이 구하는 능력이란 무엇일까요? 성경이 우리에게 보여 주는, 능력으로 충만하다는 것은 무엇을 의미할까요?

우리에게 성경이 가르치는 능한 자가 되는 복됨이 있기를 바랍니다. 우리 안에 능력을 구하는 기도가 풍성하기를 기대합니다. 우리는 꼭 싸워 이겨서 이 땅에서 자신의 신분과 지위를 이용해 끝없이 부패하고, 타락하고, 자기를 배불리는 시몬 같은 사람들과 분명하게 구별되어야 할 것입니다.

속사람을 능력으로
강건하게 하소서

능력을 구하는 기도는 두 가지로 구성되어 있습니다.

첫째로, 바울은 "성령으로 말미암아 너희 속사람을 능력으로 강건하게 하시오며"(16절)라고 기도했습니다. 하나님의 성령으로 말미암아 능력으로 강건하게 해달라고 기도했는데, 그 일이 속사람에 임하기를 원했습니다.

나이를 먹으며 쇠해 가는 겉사람이 아닙니다. 아름다움과 능함과 탁월함과 출중함은 나이가 들면 쇠합니다. 누구도 예외가 없습니다. 아무리 총명한 사람이라 할지라도 나이가 들면 총명이 빛을 바래기 시작합니다. 바울은 낡아지는 겉사람이 아니라 속사람이 강해지기를 원했습니다.

우리는 모태로부터 죄인이었기 때문에 우리의 겉사람은 반드시 쇠하고 닳아 없어지게 되어 있습니다. 나이를 먹으면 세포가 약해지거나 질병 등으로 닳아서 조금씩 없어집니다. 그런데 모든 것이 닳아서 다 사라진 죽음 이후에도 없어지지 않는 것이 있는데, 그것은 바로 속사람입니다. 바울은 이렇게 말했습니다.

"그러므로 우리가 낙심하지 아니하노니 우리의 겉사람은 낡아지나 우리의 속사람은 날로 새로워지도다"(고후 4:16).

성도들의 궁극적인 소망은 예수님의 부활에 함께 참여하는 몸의 부활에 있습니다. 비록 몸은 썩어지고, 약해지고, 추해지고, 쇠해질지라도 주님이 우리에게 두신 속사람은 날로 새로워집니다. 부활의 영광스러운 아침에 몸의 부활을 경험하면서, 날로 새로워진 속사람과 예수님의 부활체를 옷 입게 되는 몸이 만날 때 참된 구원의 완성이 일어나는 것입니다.

오늘 우리가 사는 이 시대의 관심은 '몸이 얼마나 건강한가? 어떻게 오랫동안 버텨 낼 것인가?'에 전부 기울어져 있습니다. 겉사람이 튼튼하기 위해서 얼마나 노력합니까? 등산하거나 산책하는 사람들이 곳곳에 넘칩니다.

모든 사람이 몸의 건강을 추구하는 시대에 주님은 우리

에게 속사람의 강건함을 위해 기도하라고 말씀하십니다. 하나님의 사람들의 성품과 인격을 구성하는, 우리를 진짜 우리 되게 하는 속사람이 하나님의 능력으로 강건함을 덧입도록 기도하라고 가르치신 것입니다.

우리는 왜 이 기도를 해야 하는 것일까요? 이 기도를 해야 하는 목적이 무엇입니까?

"그리스도께서 너희 마음에 계시게 하시옵고"(17절 중).

바울은 성령으로 말미암아 속사람을 능력으로 강건하게 해주시기를 기도하면서, 그리스도께서 너희 마음에 계시기를 원한다고 말했습니다.

한글 성경에서는 이 말씀이 16절과 분리되어 독립적으로 보이지만 원문을 보면 둘은 붙어 있습니다. 즉 "우리의 마음에 그리스도께서 계시게 하기 위해 속사람을 능력으로 강건하게 하는 일이 매우 필요하다"라는 뜻입니다. '우리의 마음에 예수님이 계시게 하기 위해서'가 이 기도의 목적인 것입니다.

우리가 이 세상을 살아가면서 정말 억울하고 아픈 일을 당했기 때문에 누군가의 코를 납작하게 만들기 위해 능력이 필요한 것이 아닙니다. 예수님이 온전히 우리 안에 거주하시게 하기 위해서 능력으로 우리의 속사람을 강건하게 해야 하는 것입니다.

사실 여기서 '계시게 하시옵고'라는 말은 한글 성경 번역에서 다소 순화되었습니다. 우리가 알고 있듯, 모든 진실한 성도는 거듭나는 순간 주님이 성령으로 그 안에 내주하십니다. 그분이 계시지 않으면 성도가 아닙니다. 그런 면에서 주님은 우리 안에 계십니다.

그러나 주님이 우리 안에 계시는 그 순간 우리의 모습은 어떠했습니까? 하나님의 성령이 우리 안에 내주하실 때 우리의 속사람은 한마디로, 너무나 엉망진창이었습니다. 그분을 모셔 들일 어떤 준비도 되어 있지 않았습니다. 우리는 하나님을 하나님 되신 자리에서부터 끄집어 내리고 스스로 왕이 되려고 했습니다. 그런 우리 안에 하나님의 성령이 들어오셨습니다.

그러므로 우리는 구주께서 성령으로 우리 안에 임재하실 때 잠시 방문한 것처럼 계시다가 떠나시게 해서는 안 됩니다. 주님이 우리 안에 영구히 집을 지으시고, 우리의 삶 전부와 구석구석을 온전히 거주하며 다스리시고, 우리의 심령과 삶의 제일 핵심인 마음의 한 중심에 영원히 거하시도록 해야 합니다.

이 일을 위해서는 성령으로 말미암아 속사람이 능력으로 강건해지는 일이 매우 필요합니다. 그렇지 않으면 우리가 주님을 모셔 들인 것은 분명한데 엉망진창인 상태로 우리 속에 들어오셨기 때문에 주님이 우리의 인격과 삶의 한가운데 거주하지 못하시고 늘 한쪽 귀퉁이로 밀려나실 수밖에 없습니다.

성령이 주시는 능력으로 우리의 속사람이 강건해지지 않으면 주님이 우리의 삶 전부를 통치하시지 못하고 아주 작은 일부분 외에는 관계없는 분으로 전락하시고 맙니다.

따라서 주님이 우리 안에 집을 짓고 영구히 거주하시도록 능력으로 강건해지도록 기도해야 하는 것입니다.

우리는 이 기도가 정말 부족합니다. 예수님을 영접하기는 했는데 어디에 모셔 놓았는지도 모릅니다. 모셔 들인 것으로 끝이고, 저절로 다 되는 줄로 착각합니다. 하나님의 성령의 능력으로 능하여져서 예수님이 우리 삶의 제일 중심에 거하시면서 우리 삶의 모든 부분에 집을 짓고 다스리심으로 우리 안에 주님의 임재가 물씬 풍겨 나게 해달라고 구하는 일에 우리는 얼마나 어리석었는지 모릅니다.

수십 년 믿고, 수십 년 기도 생활을 했지만 이런 기도는 거의 하지 않았습니다. 그저 이 땅을 살아가면서 남들과의 경쟁에서 이기게 해달라는 기도는 숱하게 했지만, 성경이 말하는 능력이 능하여져서 사람들이 우리의 삶을 볼 때 예수님이 잘 보이게 해달라는 기도는 매우 드물었습니다.

이제 우리는 하나님의 성령의 권능을 구하되, 방언하고 병을 낫게 해 자신이 특별하고 도드라진 사람인 것처럼 스스로에게 초점을 맞추는 능력을 구해서는 안 됩니다. 우리는 예수님이 온전히 내주하셔서 통치하시고 절대로 떠나시지 않도록 내 마음에 집을 영구히 지어 내시도록 하나님의 능력으로 속사람이 강건해지기를 기도해야 합니다. 이 일이 이루어지기를 쉼 없이 주님께 간구하고 사모하는 우리가 되어야 합니다.

생각해 보면 우리가 변화되지 않는 이유는 매우 당연한 것 같습니다. 변하고 싶다고 말만 했을 뿐 본문이 가르치는 기도들을 한 번도 제대로 드리지 못했다는 반성을 하게 됩니다.

그리스도의 사랑의 무한한 차원을 깨닫게 하소서

둘째로, 바울은 능히 모든 성도와 함께 지식에 넘치는 그리스도의 사랑을 알게 해달라고 기도했습니다.

"너희가 사랑 가운데서 뿌리가 박히고 터가 굳어져서 능히 모든 성도와 함께 지식에 넘치는 그리스도의 사랑을 알고 그 너비와 길이와 높이와 깊이가 어떠함을 깨달아 하나님의 모든 충만하신 것으로 너희에게 충만하게 하시기를 구하노라"(17절 중-19절).

여기서 '너희가 사랑 가운데서 뿌리가 박히고 터가 굳어져서'라는 말은 한글 성경에는 다소 복잡하게 기록되어 있는데, 원문을 보면 쉽게 알 수 있습니다. 해석하면, '사랑 가운데 뿌리가 박히고 터가 굳어져 있는 너희가'입니다. '능히'란 '능력을 가지고'라는 뜻으로, '하나님이 주시는 능력을 받아서'를 의미합니다.

다시 말해 바울은 "사랑에 이미 뿌리를 내리고 터가 굳어져 있는 너희가 하나님의 능력을 받아서 지식에 넘치는 그리스도의 사랑을 알고 그 너비와 길이와 높이와 깊이가 어떠함을 깨달아 하나님의 모든 충만하신 것으로 너희에게 충만하게 하시기를 구하노라"라고 기도한 것입니다.

바울은 하나님이 주시는 능력으로 능하여져서 무엇을 하기 원했습니까?

하나님의 우리를 향한 무한한 차원의 사랑을 깨달아서 하나님의 충만이 우리 안에 충만하게 되는 능력이 충만해지기를 원했습니다. 이것이 능력으로 능하여지게 해달라는 기도의 목표 지점이었습니다. 우리가 생각하는 능력으로 충만한 것과 전혀 다른 차원입니다.

저는 목사로서 삶이 자주 실패할 때 하나님 앞에 능력을 많이 구했습니다. "하나님, 제가 먼저 제대로 살지 못하는데 어떻게 성도들을 가르칠 수 있겠습니까?" 하며 많이 울면서 기도했습니다. 그런데 정말 이런 기도는 드리지 못했던 것 같습니다.

주님이 능력을 주셔서 하나님이 나에게 베푸신 사랑의 너비와 길이와 높이와 깊이를 알아서 하나님의 충만한 것이 내 안에 가득 채워지는 능력으로 능하여지게 해달라는 기도에 우리는 얼마나 자주 실패했습니까?

우리는 피상적인 능력, 세상이 말하는 사람들을 설득시키는 능력만을 자꾸 구하기에 우리의 렌즈와 잣대가 얼마나 비뚤어져 있는지 모릅니다.

바울은 우리로 하여금 하나님의 능력 안에서 능하여져서 우리의 지식을 능가하는, 우리의 지각으로는 도무지 상상할 수 없는 주님의 풍성한 사랑을 알게 해달라고 기도했습니다.

　여기서 '안다'라는 말은 머릿속에 정리된 지식을 말하는 것이 아닙니다. 경험적이고, 체험적이고, 인격적인 앎입니다. 막연하게 말씀이나 복음과 거리가 있는 엉성한 영성이나 무절제한 신비주의가 아니라, 성경이 가르치는 계시를 머리로만 아는 것이 아니라 삶과 인격으로 아는 것이요, 하나님의 진리를 체험함으로 얻게 되는 앎입니다.

　또한 바울은 주님의 지각을 초월하는 사랑을 아는 것으로 모자라 그 사랑의 너비와 길이와 높이와 깊이가 어떠한지를 깨닫기를 구했습니다. 무한한 차원의 사랑이요, 제한할 수 없는 사랑이기에 길이를 재는 측량 도구를 다 동원해 하나님의 사랑이 얼마나 많은 사람에게 적용되고 있는지를 말한 것입니다.

　부끄러운 고백이지만, 저는 제대로 한 번 살아 보겠다고 평생 몸부림쳤습니다. 그렇다 보니 너무 교만하게 많은 사람을 쉽게 단죄하게 되었고, 사람을 이해하는 폭이 굉장히

좁아졌습니다. 사람들을 보면서 쉽게 '저 사람은 나쁜 사람이다', '저 사람은 교회에는 다니지만 제대로 믿지 않는다' 이런 식으로 정죄하고 스스로를 높였습니다.

그런데 주님을 알아 가면 갈수록, 성경을 연구하면 할수록 '저 사람은 아니야'라고 생각했던 사람들을 하나님이 쓰시는 모습을 더 자주 볼 수 있었습니다.

하나님은 우리처럼 좁지 않으십니다. 우리의 테두리 안에 들어오는 사람들만 사랑하시는 분이 아닙니다. 극악한 죄인도 포기하지 않으시는 하나님의 사랑의 너비는 측량할 수 없습니다. 하나님은 지각을 능가하는 사랑의 너비를 가지고 계신데, 우리는 얼마나 어리석고 어설픈 자기 의를 가지고 하나님의 사랑의 폭을 제한하면서 사는지 모릅니다.

"거기에는 헬라인이나 유대인이나 할례파나 무할례파나 야만인이나 스구디아인이나 종이나 자유인이 차별이 있을 수 없나니 오직 그리스도는 만유시요 만유 안에 계시니라"
(골 3:11).

하나님의 사랑은 헬라인이나 유대인이나 할례파나 무할례파나 야만인이나 스구디아인이나 종이나 자유인에 이르기까지 측량할 수 없는 너비를 가지고 있습니다.

또한 하나님의 사랑은 우리처럼 분절적이거나 한계적이지 않고, 언제 시작했는지 알 수도 없고, 언제 마칠지도 모르는 잴 수 없는 길이를 가지고 있습니다.

하나님의 사랑의 높이는 또 어떻습니까? 하나님의 사랑은 어찌나 높고, 고상하고, 숭고한지 측량할 수가 없습니다. 반면 세상이 말하는 사랑은 얄팍하고 감각적입니다.

주님이 가르치시는 사랑은 자기가 죽는 사랑입니다. 우리가 무슨 지혜를 가지고 그 사랑을 측량해 낼 수 있겠습니까? 주님은 우리의 상상을 초월하는 깊이를 가지고 우리를 사랑하십니다.

주님의 능력으로 능하여져야 합니다

이러한 주님의 사랑을 알기 위해서 우리는 하나님의 능

력으로 강해져야 합니다. 티끌과 같고 질그릇 조각 같은 우리가 하나님의 사랑을 알되, 제대로 알려면 주님의 능력으로 능하여져야만 하는 것입니다. 주님의 능력으로 능하여지지 않으면 그 사랑을 측량할 수 없습니다. 단지 우리의 얄팍한 수준으로밖에는 그 사랑을 생각할 수 없는 것입니다.

성령이 주시는 능력을 덧입어 하나님의 사랑을 깨닫게 될 때 우리에게 하나님의 충만함으로 충만해지는 일이 일어납니다. 달리 말하면, 자람과 성숙이 가능해집니다.

우리의 지각을 넘어서는 측량할 수 없는 하나님의 사랑에 대한 눈이 열리기 전에 바른 자람과 성숙은 불가능합니다.

기독교는 정통적인 진리만 알면 되는 종교가 결코 아닙니다. 하나님의 사랑의 측량할 수 없는 너비와 길이와 높이와 깊이를 알아 가기 시작할 때 비로소 자람이 가능하며, 성숙한 아름다움이 형성될 수 있습니다.

하나님을 보좌에서부터 끄집어 내리고 스스로 하나님이 되려고 했던 악한 자기중심성이 무너져 내리고 죄로 똘똘

뭉쳐 있는 우리의 눈에 하나님과 이웃들이 들어올 때 비로소 자람과 성숙이 우리의 영혼 속에서 일어나는 것입니다.

우리는 스스로가 얼마나 많이 망가졌고, 얼마나 엉터리인지 모르고 있습니다. 그러면서 얄팍하게 우리가 받은 훈련과 그 훈련이 주는 제한된 지식을 붙들고 우리가 자랐을 것이라고 생각합니다. 그러나 실제로는 자라지 못한 것입니다. 예수님을 믿은 지 수십 년이 흘렀는데도 변화가 더디고 진정한 자람과 성숙이 없습니다.

주님의 권능으로 능하여져서 우리가 도무지 측량할 수 없는 주님의 사랑의 너비와 길이와 높이와 깊이를 알아서 하나님이 원하시는 삶을 살아야 하지 않겠습니까?

주님은 티끌 같으며 터무니없어 보이는 우리에게 "내가 거룩하니 너희도 거룩할지어다. 너는 네 하나님 여호와 앞에서 완전하라. 나는 너희를 티나 주름 잡힌 것이나 이런 것들이 없이 거룩하고 흠이 없이 완전한 자로 빚어내고야 말겠다"라고 말씀하셨습니다(엡 5:26-27).

그러나 이 말씀은 결코 터무니없는 말씀이 아닙니다. 주님은 반드시 우리를 구원의 자리에 데려가실 것입니다. 이 일을 위해서는 우리가 성령으로 능하여지고 강하여지는 일이 반드시 필요합니다. 따라서 바울은 능력으로 강하여지도록 기도한 것입니다.

능력으로 강하여져서 예수님이 내 안에 집을 짓고 사시고, 능력으로 능하여져서 주님의 사랑을 알아야 할 대로 알아 주님의 충만한 아름다움이 내 안에도 충만하게 드러나도록 해야 합니다.

이 표현을 에베소서에 기록된 말씀으로 바꾸면, "그리스도의 장성한 분량이 충만한 데까지"(엡 4:13) 이르는 것이라고 할 수 있고, 베드로후서 말씀에 의하면, "신성한 성품에 참여하는 자"(벧후 1:4)가 되는 것이라고 할 수 있습니다. 바울은 이를 위해 주님의 능력으로 능하여지도록 기도하라고 가르친 것입니다.

우리는 물론 육체를 위해 능력을 달라고 하나님께 기도해야 합니다. 하지만 그보다는 지식에 넘치는 그리스도의 사랑을 알고 그 너비와 길이와 높이와 깊이가 어떠함을 깨달아 하나님의 모든 충만하신 것으로 충만하게 되기를 더욱 기대해야 합니다. 이것이 바로 우리가 기대하는 부흥입니다.

더 넘치도록 능히 하실 하나님이
우리의 기도에 응답하십니다

이러한 기도가 우리 한 사람, 한 사람에게 정말 실현 가능하겠습니까? 이것이 소위 말하는 영적으로 훌륭한 소수에 국한되는 이야기가 아니라 진정 나의 이야기라고 여겨집니까?

바울이 기도하고 있는 대상인 에베소 성도들은 특별한 무리가 아니었습니다. 마찬가지로 우리도 이 기도가 틀림없이 가능하다는 사실이 믿어지고, 함께 기도해야겠다는 생각이 정말 듭니까?

우리는 죄인이기에 이런 이야기를 아무리 거듭 들어도 '내가 과연 할 수 있을까? 하나님이 나에게 정말 그런 일을 원하실까?'라고 생각합니다. 너무나 많은 성도가 겸손을 가장한 불신의 개념으로 그렇게 치부해 버리고 맙니다.

따라서 우리는 바울이 이 모든 놀라운 기도의 근거를 어디에 두었는지를 주목해 볼 필요가 있습니다. 이 기도에 앞선 14-15절을 보십시오.

"이러므로 내가 하늘과 땅에 있는 각 족속에게 이름을 주신 아버지 앞에 무릎을 꿇고 비노니."

바울의 기도가 응답될 수밖에 없는 첫 번째 이유는 그가 아버지께 기도했기 때문입니다. 우리의 수준이나 상태 때문이 아닙니다.

두 번째 이유는 이어지는 16절, "그의 영광의 풍성함을 따라"라는 말씀에서 찾아볼 수 있습니다. 바울은 앞서 에베소서 1장에서 형용할 수 없을 만큼 풍성한 하나님의 사랑과 구원의 은총을 노래하며 감격했습니다.

그런데 그 풍성함은 구원에만 임하는 것이 아닙니다. 하나님은 우리의 삶을 능력으로 능하게 하심으로 풍성해지게 할 수 있는 권능을 가지고 계십니다. 우리는 그 하나님께 기도하는 것입니다. 하나님의 성품과 속성 때문에 우리의 기도가 응답됨을 신뢰할 수 있는 것입니다.

우리의 능력과 자격으로 하나님께 구하는 것이 아닙니다. 하나님의 영광의 풍성함을 따라 기도한 바울처럼 우리도 틀림없습니다.

"우리 가운데서 역사하시는 능력대로 우리가 구하거나 생각하는 모든 것에 더 넘치도록 능히 하실 이에게"(20절).

이 말씀에서 바울이 우리에게 이 기도를 알려 주면서 이 일이 정말 가능하니 기도하라고 가르치는 것이라는 사실을 얼마나 상기시키고 싶어 하는지 알 수 있습니다. 더 넘치도록 능히 하실 주님의 성품 때문에 우리는 우리의 기도가 틀림없이 이루어질 줄 믿고 기도할 수 있는 것입니다.

우리는 하나님의 영광을 위해 기도해야 합니다

이 모든 기도의 궁극적인 목적이 21절에 기록되어 있습니다.

"교회 안에서와 그리스도 예수 안에서 영광이 대대로 영원 무궁하기를 원하노라 아멘."

우리는 너무나도 부패한 존재이기에 참되고 귀한 것을 나쁜 목적으로 구할 수 있습니다. 바깥에서 볼 때는 버젓하지만 하나님이 보시기에 전혀 기쁘시지 않은 중심을 가지고 구할 수 있다는 의미입니다. 다른 사람보다 더 나은 존재가 되기 위해서 모든 귀한 것을 구한다면 그 기도는 그리스도인의 기도가 될 수 없습니다.

우리는 하나님의 영광을 위해 기도를 해야만 합니다. 조국 교회는 여기에서 늘 길을 잃었습니다.

저는 고등학교 2학년 때 교회에 처음 나왔습니다. 당시 수많은 믿음 좋다는 권사님, 장로님들을 뵈었는데, 저처럼 부모 없이 혼자 교회에 나오는 아이들을 챙기는 분은 거의 못 만났습니다. 모두 자기 자녀들과 관계되어 있는 아이들만 챙길 뿐이었습니다. 제가 교회에 와서 처음 느낀 것은 싸한 감정이었습니다. '교회 다니는 사람들도 모두 자기중심적이구나. 결국 자기 테두리를 넘어서지 못하는구나' 하는 아픔이 짠하게 밀려왔습니다.

지난 30년간 조국 교회가 해온 일이 무엇입니까? 하나같이 나와 내 가족과 내 교회에 모든 에너지를 쏟아부었습니다. 합당하고 좋은 것을 구했지만 목적이 늘 왜곡되어 있었기에 결국은 무너지고 마는 것입니다. 방향이 틀어져 있었기 때문에 이처럼 엄청난 덩치와 어마어마한 숫자를 가지고 힘 한 번 제대로 못 쓰고 주저앉은 것입니다. 자기에게 함몰되어 있기 때문에, 자기 가족과 자기 교회의 테두리를 벗어나지 못하기 때문입니다.

영국에서 목회하는 동안 옥스퍼드라는 이름이 가지고 있는 지역적 가치 때문에 무수한 교회들로부터 성도들이 방문했습니다. 그런데 그분들이 와서 하시는 말씀이 늘 똑같았습니다. 80-100명밖에 안 되는 조그만 교회에 와서는 "서울에 있는 우리 교회는 수천 명 모이는데……"라고 말했습니다. 그것이 무슨 의미가 있습니까?

우리가 진정 성숙했다면 교회의 틀을 깨고 주님의 몸 전부를 바라보고, 어디에 가서든 예수 믿는 사람처럼 행하고, 하나님의 영광을 바르게 구해야 마땅합니다. 그런데 조국 교회는 결정적으로 눈이 왜곡되어 있기 때문에 수많은 능력과 엄청난 인프라를 가지고도 이러한 형국에 처하고 말았습니다.

하나님의 권능이 우리 안에 역사해 우리 삶의 제일 중심에 그분이 임재해 계시고, 우리를 구성하고 있는 모든 삶의 영역에 예수님이 집을 지어 거하시는 표가 묻어나야 합니다.

우리 안에 우리의 지각으로 도무지 미칠 수 없는 하나님의 사랑이 이를 수 있도록 주님의 권능으로 능하여져서 하나님의 충만한 것이 우리 안에 충만히 빚어지고, 그 모든 것을 가지고 하나님을 영화롭게 하는 일이 일어나야 합니다.

오직 하나님 한 분만 높이는 삶, 하나님만 좋으시면 나 자신은 어떤 자리에 있어도 괜찮은 인생이 되어야 합니다.

세례 요한처럼 "그는 흥하여야 하겠고 나는 쇠하여야 하리라"(요 3:30)라는 마음으로 어떻게 되든 예수님만 좋으시면 나는 관계없다는 예수 믿는 사람의 모습이 우리의 삶 속에 빚어지고, 경험되고, 확인되기를 바랍니다.

"수년 내에 부흥하게 하옵소서"(합 3:2)라는 복된 소망을 붙들고 하나님 앞에 서서 기도하고 주를 찾는 백성이 많이 나오기를 바랍니다. 하나님이 수년 내에 조국 교회를 부흥하게 하시는 영광스런 은혜를 꼭 회복시켜 주시기를 바라고 축복합니다.

하나님의 성품과 속성 때문에
우리의 기도가 응답됨을
신뢰할 수 있는 것입니다.
우리의 능력과 자격으로
하나님께 구하는 것이 아닙니다.

PRAY

우리에게 기도를 가르쳐 주소서

4

사랑이 점점 더
풍성하기를 구하라

빌립보서 1:9-11

9 내가 기도하노라 너희 사랑을 지식과 모든 총명으로 점점 더 풍성하게 하사

10 너희로 지극히 선한 것을 분별하며 또 진실하여 허물 없이 그리스도의 날까지 이르고

11 예수 그리스도로 말미암아 의의 열매가 가득하여 하나님의 영광과 찬송이 되기를 원하노라

사랑, 아무리 강조해도 부족하지 않은 성경의 핵심

'사랑'은 성경 곳곳에서 강조하는, 성경의 핵심적인 가르침 중에 하나입니다. 아무리 강조해도 부족하지 않은 사랑은 이 땅을 사는 사람들에게 필요한 핵심이기도 합니다.

하나님 앞에 죄를 짓고 하나님으로부터 멀어진 인생의 제일 큰 불행은 사랑 결핍입니다. 사랑의 근원이신 하나님으로부터 떨어져 나왔기 때문입니다. 성경은 사랑에 대해 이렇게 말합니다.

> "그런즉 믿음, 소망, 사랑, 이 세 가지는 항상 있을 것인데 그 중의 제일은 사랑이라"(고전 13:13).
>
> "피차 사랑의 빚 외에는 아무에게든지 아무 빚도 지지 말라 남을 사랑하는 자는 율법을 다 이루었느니라"(롬 13:8).
>
> "사랑은 이웃에게 악을 행하지 아니하나니 그러므로 사랑은 율법의 완성이니라"(롬 13:10).
>
> "온 율법은 네 이웃 사랑하기를 네 자신같이 하라 하신 한 말씀에서 이루어졌나니"(갈 5:14).

"그리스도 예수 안에서는 할례나 무할례나 효력이 없으되 사랑으로써 역사하는 믿음뿐이니라"(갈 5:6).
"너희 모든 일을 사랑으로 행하라"(고전 16:14).

로마서 13장 8절에서 '남을 사랑하는 자는 율법을 다 이루었느니라'라는 말은 다른 사람을 사랑하는 사람은 하나님의 율법 전부를 성취한 자와 같다는 의미입니다.

갈라디아서 5장 14절에서 '온 율법은 네 이웃 사랑하기를 네 자신같이 하라 하신 한 말씀에서 이루어졌나니'라는 말은 이웃 사랑이 율법 전부의 요약이고 핵심이라는 뜻입니다.

갈라디아서 5장 6절은 거짓 선생들을 향한 말로, 믿음이란 사랑이라는 얼굴을 가지고 자신의 실체를 드러낸다는 것을 의미합니다.

본문인 빌립보서 1장 9-11절에서 바울은 성도들이 이처럼 중요한 주님의 무한 차원의 사랑을 알게 해주시도록 기도했습니다. 뿐만 아니라 그 사랑을 알고 맛본 이들이 사랑하되 더 많이, 더 풍성한 사랑을 할 수 있게 해달라고 기도했습니다. 우리는 한 해가 지나고 새로운 해를 맞이할 때마다 작년보다 더 많이 사랑하는 사람이 되어야 합니다.

사랑은 지식과 함께
풍성히 자랍니다

세상 사람들이 생각하는 사랑의 최고봉은 허니문입니다. 갓 결혼해서 전후좌우도 잘 모를 때 막연한 기대와 설레는 가슴을 안고 많은 돈을 들여 비행기를 타고 외국에 가서 분위기 좋은 해변에서 보내는 달콤한 신혼여행 기간을 사랑의 꽃봉오리처럼 생각합니다.

그런데 그리스도인들은 신혼 시절처럼 무엇인가를 잘 몰라야 사랑을 제대로 하는 것으로 여기지 않습니다. 부부가 함께 살아가면서 연조가 더해져 가면 옛날 같은 설렘이나 가슴 두근거림은 혹 줄어들지 모릅니다. 하지만 사랑을 더 알게 되고, 사랑을 더 풍성히 제대로 할 수 있는 관계로 빚어져 갑니다. 이것이 진짜 사랑입니다.

바울은 성도인 우리를 바라보면서 기도를 가르쳐 주되, "사랑이 점점 더 풍성해지도록 기도하라"라는 기도의 제목을 알려 주었습니다.

"내가 기도하노라 너희 사랑을 지식과 모든 총명으로 점점 더 풍성하게 하사"(9절).

그렇다면 어떻게 해야 사랑이 점점 더 풍성해질 수 있을까요?

사랑이 풍성해지려면 사랑이 많은 사람으로 태어나야 하는 것이 아닙니다. 사랑이 많은 사람은 세상에 없습니다. 주변 사람들 중에 외모로 보면 착하고, 정이 많고, 사랑이 풍성한 것 같은 사람들이 간혹 있지만 속지 마십시오. 그 속으로 들어가 보면 바닥이 금방 드러납니다. 그런 감각적이고 천성적인 사랑으로는 성경이 말하는 풍성한 사랑이 불가능합니다.

우리의 사랑이 더욱 풍성해지려면 지식이 더하여져야 합니다. 사랑은 지식과 함께 풍성하게 자라는 것입니다.

여기서 지식이란 단순히 머리가 좋아서 암기를 잘하고, 공부를 잘해서 좋은 대학에 가는 지식을 의미하는 것이 아니라 진리를 아는 지식을 의미합니다. 하나님이 예수님을 믿는 우리에게 지각과 지식을 열어 주셔서 하나님을 알고, 나를 알고, 사람을 알고, 이 세상의 이치를 깨닫는 지식이 더하여질 때 우리는 사랑을 풍성하게 더할 수 있습니다.

사랑은 단지 우리 마음속에 있는 감정의 부산물이 아닙니다. 그저 인정스럽고, 동정심이 많고, 감상적인 것을 말하지 않습니다. 사랑은 사람을 움직이는 힘(driving force)의 근원이라고 할 수 있습니다. 인정이나 동정심은 상대를 불쌍히 여김으로 잠시 자기 기분이 좋고 말 뿐 그 이상 어떤 것도 아니지만 진정한 사랑은 상대의 삶을 바꿀 수 있습니다.

사랑은 지각이 더해져서 하나님을 아는 지식, 나를 알고 사람을 아는 지식, 세상의 이치를 아는 지식이 열리면서 더 풍성해지는데, 그때 우리는 제대로 사랑하게 됩니다. 감각적이고 감상적인 사랑이 아니라 진짜 눈이 열려서 자신이 어떤 존재인지 알고, 상대가 어떤 존재인지 깨달아 깊이 사랑하고, 받아 내고, 아껴 주게 되는 것입니다.

이처럼 사랑이 자라는 일은 지각과 지식이 더하여져야만 가능합니다.

그런데 우리는 주님이 우리에게 가르쳐 주신 기도 제목처럼 사랑 안에 자라서 사랑이 풍성한 사람이 되려고 하지 않습니다. 그보다는 '마음에 드는 사람 어디 없나?' 하며 상대를 자꾸 고릅니다. 그러고는 '저 사람 좀 괜찮아 보인다' 해서 가 보면 '에구, 죄인이었구나' 하며 놀라서 돌아섭니다. 이내 또 다른 사람을 찾아갑니다.

하나님은 우리에게 사랑이 풍성해져서 오히려 그러한 사람들을 따뜻하게 받아 내고 녹여 낼 수 있는 사람이 되라고 이 기도 제목을 주신 것입니다.

우리가 부부 생활을 통해서 배우는 것이 무엇입니까? 우리는 가장 마음에 드는 한 사람을 만나서 가정을 꾸렸습니다. 그런데 희한하게도 그 사람과 한집에 사는데 사랑이 펑펑 솟아나지 않고, 깨소금이 쏟아지지 않고, 사랑스러운데도 이상하게 밉고, 싫고, 마음이 식어집니다. 이런 우리의 연약함을 숱하게 보면서 우리는 자신의 실체를 알게 됩니다.

그러므로 우리는 이처럼 사랑이 없고, 사랑할 줄 모르고, 사랑하는 일에 반복해서 실패하는 어리석고 미련한 우리를 사랑이신 주님 앞에 굴복시켜 사랑을 풍성하게 해달라고 기도해야 합니다. 인생의 약함을 받아 내고, 어리석음과 부패와 한계를 인정하고, 세상의 이치를 분별해 내면서 상대를 바라보게 해달라고 기도해야 합니다. 사람을 가리는 것이 아니라 내가 먼저 사랑이 풍성해져서 상대를 사랑하게 해달라고 기도해야 합니다. 바로 이것이 우리가 부부 생활을 하면서 배우는 교훈입니다.

때로 "우리 부부는 안 싸우고 잘 삽니다"라고 말하는 분들을 만나곤 합니다. 그런데 사실은 잘못되었습니다. 그 부부는 배워야 할 결정적인 교훈을 놓치고 있는 것이기 때문입니다.

부부 생활을 하면서 '아, 그때 내가 큰 실수를 했구나' 하면서 깨져야 사랑이 더 풍성해지는데 늘 행복해하면서 사니까 철이 들지 않습니다. 그들은 받쳐서 깨지는 일이 없기 때문에 예수님을 수십 년 믿어도 철이 안 듭니다.

세상 학문이나 상담은 가정의 행복이 가장 중요하다고 가르치지만 그것이 전부는 아닙니다. 불완전한 이 세상에서는 가정과 부부 가운데 온전한 행복이 누려질 수 없습니다.

어느 가정에나 부부에게나 아픔이 있고 깨어짐이 있습니다. 하지만 그 과정을 거칠 때 행복과 비교할 수 없는 주님의 영광이 열립니다. 그 주님의 영광의 도움을 힘입어서 또다시 사랑을 배우는 복됨이 우리의 삶 속에 있어야 합니다. 이것이 부부 생활의 실존이며, 이로써 지식이 더해져 갑니다.

그런데 우리는 계속해서 이상적인 이야기만 반복하면서 '나는 왜 이렇게 사랑이 없을까? 나는 왜 이렇게 인정머리가 없을까?'라고 생각합니다.

그런 우리에게 정말 필요한 일은 사랑이신 주님께 접목

되어서 지식과 총명으로 사랑이 풍성해지도록 기도하는 것입니다.

누군가를 바르게 사랑하려면 진실한 동기, 바른 자세만으로는 부족합니다. 환경과 상황과 형편에 맞아야만 진정 사랑할 수 있습니다. 잠언에는 참 재미있는 말씀이 있습니다.

"이른 아침에 큰 소리로 자기 이웃을 축복하면 도리어 저주 같이 여기게 되리라"(잠 27:14).

한 사람이 간밤에 잠을 한 번도 깨지 않고 잘 잤습니다. 아침 일찍 일어났더니 기분이 개운하고 좋았습니다. 그런데 '기분 좋은 김에 이웃을 축복해 주어야겠다' 하는 생각에 이웃들은 아직 다 자고 있는데 "축복합니다!"라고 큰 소리로 외치면 어떻게 되겠습니까? 동네 사람들이 다 깨서 "누구야!" 하며 화를 낼 것입니다. 좋은 말을 하는데 저주하는 것 같은 상황이 벌어지는 것입니다.

이처럼 사랑은 동기가 순수하고 자세가 바를지라도 총명함이 더해지지 않으면 사랑 같지 않고, 오히려 폭력이 될 수 있습니다.

우리는 때로 사랑하지만 총명이 더하여지지 않은 사랑 때문에 가족이나 이웃에게 사랑이라는 이름으로 폭력을 행사할 수 있습니다. 귀한 자녀들의 삶과 부모의 복된 인격을 깨뜨리는 일을 자행하면서도 사랑이라는 이름으로 합리화할 수 있습니다.

적절한 총명이 사랑에 더해져 환경과 상황과 형편, 상대에 대한 지식이 잘 고려되어야 사랑이 사랑다울 수 있습니다. 그렇지 않으면 사랑이라는 이름은 가지고 있지만 너무 무지하고, 둔감하고, 미련하고, 서툴고, 감상주의적이거나, 아니면 매우 근시안적인 형태의 삶을 살아갈 수밖에 없습니다.

사랑이라는 이름은 있는데 상대를 중심에서부터 바르게 이해하고 그의 형편과 처지를 알아 주는 사랑이 아니라 일방적이기 때문에 자칫 폭력적이 될 수밖에 없는 사랑을 하게 되는 것입니다.

조국 사회를 볼 때 이런 아름다움이 많이 부족하다는 사실을 깨닫게 됩니다. 조국 사회 안에 있는 많은 장점이 진정 장점으로 드러날 수 있으려면 사랑이 풍성한 성도와 교회가 많이 배출되는 일이 매우 중요합니다.

사랑이 풍성해지면
지극히 선한 것을 분별하게 됩니다

우리가 주님께 기도함으로 주님이 지각을 열어 주시고, 총명을 허락해 주셔서 사랑이 풍성하게 자라면 어떤 결과가 초래될까요?

본문은 매우 놀라운 이야기를 우리에게 들려줍니다. 사랑이 풍성해지면 따뜻하고 행복한 결과를 만나게 될 것 같습니다. 그러한 일이 틀림없이 일어나기는 하지만, 그 정도에 그치지 않습니다.

"내가 기도하노라 너희 사랑을 지식과 모든 총명으로 점점 더 풍성하게 하사 너희로 지극히 선한 것을 분별하며"

(9-10절 상).

지식과 총명이 더하여져서 사랑이 점점 풍성해지면 지극히 선한 것을 분별하게 된다고 성경은 말합니다. 한 번밖에 없는 짧은 인생을 살아가면서 지극히 선한 것이 무엇인지를 알고 그것을 따라 인생을 사는 복됨과 존귀를 얻게 된다는 것입니다.

여기서 '지극히 선한 것'이란 아주 빼어나고, 정말 중요하고, 가장 핵심적인 것이라고 말할 수 있습니다.

세상을 살아가는 데 있어서 아주 빼어나고, 정말 중요하고, 가장 핵심적인 것이 무엇인지는 머리가 좋아야 알 수 있는 것이 절대로 아닙니다. 머리는 좋은데 어리석은 삶을 살아가는 사람들이 우리 주변에 정말 많습니다.

목회를 하면서 보면, 총명한 사람들은 잔머리가 잘 돌아가고 계산이 굉장히 빠릅니다. 그런데 안타깝게도 대개 그들은 핵심을 잘 놓치곤 합니다. 인생을 다 걸고 절대 잃어

버리지 않아야 하는 것이 무엇인지, 반드시 확보하며 살아야 하는 것이 무엇인지는 모르고 있습니다.

오늘 조국 사회의 어리석음이 바로 여기 있습니다. 머리가 좋고 공부를 잘하면 지극히 선한 것을 잘 분별할 수 있으리라 여기지만 그렇지 않습니다. 그러한 삶은 사랑이 풍성해질 때만 가능합니다. 이처럼 사실적이고 진짜배기 이야기를 들려주는 성경은 얼마나 놀라운 책입니까!

사랑이 점점 더 풍성해지면 우리의 짧고 정말 덧없어 보이는 인생살이에서 아주 빼어나고, 정말 중요하고, 가장 핵심적인 것이 무엇인지를 알고 삶을 참되게 살 수 있는 은혜와 복됨이 허락됩니다. 우리의 삶에 사랑이 풍성하게 넘쳐날 때 정말 보여야 할 것이 보이는 것입니다.

우리는 이 세상을 살아가면서 평생 동안 철이 안 들어서 무엇인가를 성취하려는 데 마음을 다 빼앗깁니다. 세상이 그것이 중요하다고 말하니까 진짜 중요한 것이 무엇인지를 모릅니다. 너무나 짧은 인생, 눈을 감았다가 뜨면 60세가 되고 70세가 되는 짧은 인생인데 핵심을 놓치고, 자신의 생을 어디에 쏟아야 하는지를 모르고 사는 사람들이 많습니다.

지극히 선한 것과 정말 가치 있고 복된 것이 무엇인지를 알고 살아가기 위한 지름길은 사랑이 풍성해져서 사랑에서부터 자랄 때 볼 수 있습니다.

이 시대의 정신은 치열하게 경쟁해 무엇인가를 얻었다고 생각하면 그때부터 적당히 자만심을 의지한 채 살아가는 것입니다. 안일한 구실을 끝없이 찾습니다.

대개 외국 사람들은 어릴 때 우리처럼 학업에 시달리지 않으니까 대학이나 대학원에 들어가면 공부를 정말 열심히 합니다. 그런데 우리는 대학에 들어가면 공부를 하지 않습니다. 진짜 공부해야 될 때 하지 않습니다. 진짜 행복해서 공부하는 사람을 많이 못 봤습니다.

너무나 많은 사람이 중요하고 핵심적인 가치들을 자꾸 뒤로하고 다른 것을 앞세우기 때문에 힘을 써야 할 때 힘을 거의 못 쓰고 주저앉습니다. 핵심적인 자리에 놓였을 때 적당한 보신주의, 안일한 삶을 추구하면서 자꾸 쇠해집니다.

제가 군대에 가서 느꼈던 것 중에 하나는 일병들이 가장 많이 일하고, 병장들은 호주머니에 손 넣고 팔자걸음으로 걸어 다닌다는 것이었습니다. 병장들이 일을 제일 많이 해야 그 밑으로 좀 쉬울 텐데 말입니다.

우리는 전부 성공해서 일하지 않고 잘 먹고 잘 사는 개념만 가지고 있습니다. 성공하면 그때부터 더 열심히 일하고 수고해야 그 혜택들이 밑으로 잘 내려갈 텐데 성공하면 일하지 않습니다.

정말 일을 많이 해야 할 세대들이 일을 하지 않고 안일한 삶과 자만에 빠져 사느라 정말 가치 있는 인생을 낭비하고 있습니다. 수고스러운 일은 초보자들이 다 하고 경력이 쌓여서 무엇이든지 할 수 있는 사람들은 나태하고 안일하게 살기 때문에 국력이 차고 나가지를 못합니다.

우리의 삶에 사랑이 풍성해지면 지극히 선한 것을 분별하게 됩니다. 하나님이 우리에게 주신 한 번의 삶을 힘을 다해 살게 됩니다. 탁월한 수준의 삶을 추구하며 사는 영광과 복됨이 우리의 삶에 허락됩니다.

지위가 높든 낮든 그것은 중요하지 않습니다. 어떤 업적을 이루었는지도 상관없습니다. 세월이 가면서 우리의 겉사람이 낡아지는 것은 어쩔 수 없는 일입니다. 하지만 세월이 흐를수록 하나님이 주신 우리의 가슴속 불덩어리를 더 깊어지게 하고, 더 온전하게 하는 가치를 깨닫고 좇으며 세상을 사는 것이야말로 진짜 잘 사는 것이 아닐까요?

이제 돈도 있고, 능력도, 시간도, 재능도 충분한데 그때부터 일하지 않고 먹고사는 것이 성공이라고 생각하는 어리석은 시대정신과 달리 진정 하나님과 사람을 위해 영원하고 쇠하지 않는 복된 것을 추구하며 사는 삶은 얼마나 아름답습니까!

우리는 분별력을 가지고 무엇이 지극히 선한지 깨닫고, 우리의 한 번밖에 없는 인생의 돈, 능력, 시간, 재능 등 하나님이 주신 모든 것을 어디에 쏟아야 하는지 알아야 합니다. 비록 육체는 쇠하여지더라도 하나님이 우리 속에 두신 부르심을 향한 불붙는 가슴을 가지고 살아야 진짜 인생을 사는 것입니다. 바울같이 탁월한 하나님의 사람이 빌립보서에서 한 말을 기억하십시오.

"형제들아 나는 아직 내가 잡은 줄로 여기지 아니하고 오직 한 일 즉 뒤에 있는 것은 잊어버리고 앞에 있는 것을 잡으려고 푯대를 향하여 그리스도 예수 안에서 하나님이 위에서 부르신 부름의 상을 위하여 달려가노라"(빌 3:13-14).

바울은 비록 몸은 감옥에 갇혀 있고 나이 들어 육체는 점점 쇠하여졌으나 주님께 생을 다 걸고 지극히 선한 것, 즉 아주 빼어나고, 정말 중요하고, 가장 핵심적인 것이 무엇인지를 알고 인생을 살아갔습니다. 그런 바울은 주님의 부르심을 향한 뜨거운 불덩어리를 여전히 간직한 채 남은 때를 사는 믿음의 사람이었습니다.

교회는 이런 방식으로 세상을 바꿔 왔습니다. 세상에서의 지위가 높든지 낮든지, 나이가 많든지 적든지 아무 관계없이 지극히 선한 것이 무엇인지 알고 한 번뿐인 짧은 인생을 진짜 사는 것처럼 살아갈 때 비로소 세상이 우리를 주목하게 됩니다.

급속도로 세속화되어 가고 물질주의 세대로 넘어가고 있는 조국 교회를 향한 조국 땅의 부르짖음과 외침이 여기 있습니다. 그 핵심은 바로 성도들의 삶과 생을 다 드려서 반드시 섬겨 내고 살아 내고 싶은 지극히 선한 것이 무엇인지 드러내며 살아 달라는 것입니다. 이 일이 오늘 조국 교회가 조국 사회를 위해 섬겨야 하는 일입니다.

진실하고 허물 없이
그리스도의 날까지 이르게 됩니다

사랑이 풍성하게 자라면 또 어떤 결과가 초래될까요?

"너희로 지극히 선한 것을 분별하며 또 진실하여 허물 없이 그리스도의 날까지 이르고"(10절).

우리는 한 사람도 예외 없이 반드시 한날에 하나님의 심판대 앞에 서게 됩니다. 이는 우리를 협박하기 위한 말이 아닙니다. 우리는 반드시 그날 심판대 앞에서 주님을 얼굴을 마주하고 뵐 것입니다.

우리의 간절한 꿈이 있다면 '진실하여 허물 없이 그리스도의 날까지' 이르는 것입니다. 하나님 앞에 섰을 때 무엇인가를 뒤에 감추며 "주님, 이것은 보시면 안 됩니다"라고 말하고 싶은 것이 아무것도 없고, 하나님이 우리더러 "얘야, 왜 그렇게 했니?"라고 말씀하실 일 없이 "참 잘했구나"라는 칭찬을 듣는 것보다 더 기쁘고 좋은 일이 무엇이겠습니까?

저는 유학 생활 중에 한 번씩 제 영적인 아버지이신 박희천 목사님께 편지를 보낸 적이 있습니다. 목사님은 제가 두 번 편지를 보내면 꼭 한 번씩 답장을 보내 주셨는데, 늘 답장 끝에 공부 잘하고 돌아오라는 의미에서 이렇게 써 주셨습니다. "금의환향하옵소서."

우리가 주님 앞에서 금의환향하는 것이 무엇입니까? 우리가 멋진 옷을 입고 부귀와 명예를 들고 주님 앞에 가서 "주님, 이것을 받으시옵소서"라고 말한다고 생각해 보십시오. 전혀 어울리지 않습니다.

우리의 사랑이 점점 더 풍성해져서 지극히 선한 것이 눈에 보이고 깨달아져서 우리의 인생을 정말 중요한 것에 쏟아붓게 되면, 하나님이 어떤 부끄러움이나 감추고 싶은 허물 없이 기쁨으로 주님 앞에 서서 그분을 마음껏 누리는 귀한 복을 주신다고 성경은 가르쳐 줍니다.

본문인 9절에서 '사랑이 풍성할 때', 즉 '사랑이 점점 더 많아질 때'라는 말은 우리에게 얼마나 위로가 되는지 모릅니다. 하나님은 사랑의 절대 분량을 요구하지 않으시고 사랑이 점점 풍성해지는 것만을 말씀하셨습니다. 누가 어디에서 출발했는지는 알 수 없습니다. 단지 우리의 사랑이 어제와 다르고, 작년과 다르면 됩니다.

우리 삶의 자리마다 사랑이 점점 더해져서 주님이 우리를 찾아오실 때 이전과 다른 모습으로 주님을 맞아 기쁘고 허물 없는 모습으로 그분을 즐거워하게 되는 것, 이것이 사랑이 더 풍성해질 때 우리의 삶에 주어지는 특권이고 복됨입니다. 사람을 사랑하는 일에 있어서는 절대로 한 걸음도 물러서지 마십시오.

이 시대의 정신은 너무나 어리석고 악해서 사람 대하기를 두려워하고 힘들어합니다. 제일 귀한 사람을 멀리하게 만들고, 애완동물을 좋아하게 만듭니다.

물론 애완동물을 키우는 것을 반대하지는 않습니다. 열심히 키우십시오. 하지만 애완동물이 사람을 사랑하는 대체 효과가 되게 해서는 안 됩니다. 우리는 사람을 대체하는 무언가를 만들어 내서는 안 됩니다.

사람을 사랑하기는 어렵지만 그 안에 모든 보배가 들어 있습니다. 사람이 바로 보배요, 사람이 최고로 귀한 존재입니다.

의의 열매가 풍성히 맺혀
하나님의 영광과 찬송이 됩니다

"예수 그리스도로 말미암아 의의 열매가 가득하여 하나님의 영광과 찬송이 되기를 원하노라"(11절).

사랑이 점점 풍성해질 때 초래되는 또 다른 결과는 의의 열매가 가득해지는 것입니다. '의의 열매'란 의로운 삶의 열매를 의미합니다. 사랑이 점점 더 풍성해질 때 하나님이 기뻐하시고 좋아하시는 삶의 열매가 풍성히 맺힌다는 것입니다.

우리의 얄팍한 마음을 만족시켜 주는, 눈에 좋아 보이는 일들을 하나둘 하는 것은 중요하지 않습니다. 그리스도인은 그렇게 살아서는 안 됩니다.

사랑이 풍성해지는 일의 핵심은 우리의 사람 됨됨이입니다. 그런데 우리는 사람을 사랑하는 일에서 거듭 실패한 상태에서 일을 하려고 합니다. 빨간색 자선냄비 앞을 지나가면 돈을 기부하고 지나가고 싶어 합니다. 물론 매우 귀하고 필요한 일이지만 사랑이 풍성해지는 일을 대체하는 효과로 만들어서는 안 됩니다. 그렇게 되면 그 귀한 일이 장애물이 될 수 있습니다. 우리의 중심이 변화하지 않아도 되도록 스스로 만족하게 하는 일은 때로 사랑이 풍성해지는 일에 방해가 될 수 있는 것입니다.

귀한 일일지라도 바른 중심을 담아서 하지 못하면 그로

써 우리는 망합니다.

바울은 사랑이 점점 풍성해지면 우리의 삶 전부를 통해서 의의 열매가 풍성히 맺히고, 우리의 삶이 하나님의 영광과 찬송이 되는 복됨이 있다고 말했습니다.

정말 우리가 기도할 만한 제목이지 않습니까? 바닥 어디를 긁어 봐도 전혀 사랑이 없는 존재가 바로 우리입니다. 그런 우리는 심지어 자신과 배우자를 빼닮은 자녀들이라 할지라도 얼마나 사랑하기 어려운지 모릅니다.

하지만 우리가 힘을 다해서 자신을 깨뜨려 내고, 바른 사랑으로 사랑하려고 애쓰고, 주님의 사랑의 너비와 길이와 높이와 깊이를 알아 가면서 그 사랑으로 누군가를 사랑하려고 노력하면서 사랑이 점점 더 풍성해질 때 우리의 존재 자체와 우리의 삶이 하나님의 영광과 찬송이 되는 복됨이 이루어집니다.

자녀를 기르는 부모들에게 묻고 싶습니다. 왜 자녀들을 좋은 대학에 보내고 싶어 합니까? 상대적으로 덜 중요한 일, 지극히 선한 것이 아닌 일에 왜 모든 에너지를 쏟고 한 번밖에 없는 짧은 생을 허비하며 살아갑니까? 그것은 사랑이 풍성하게 자라 가고 있지 않은 증거입니다. 사랑을 모르는 것입니다. 진정한 사랑으로 풍성해지는 우리를 향한 하나님의 복된 부르심이 무엇인지 모르고 그저 세상 사람들의 흉내를 내는 것입니다.

우리는 지식과 총명이 더해져서 사랑이 풍성하게 자람으로써 진짜 핵심적인 가치를 깨닫고, 존재와 삶이 하나님의 영광과 찬송이 되고, 의의 열매가 풍성한 삶을 살아야 합니다.

우리는 자녀를 좀 다르게 키웁시다. 목사라서 하는 말이 아니라 진리이기 때문에 말하는 것입니다. 이것이 진리입니다.

헛되고 어리석은 데 인생을 다 낭비하고, 지극히 선한 것을 분별하지 못하는 시대정신을 따라 사는 이 어리석은 시대를 그리스도인들인 우리마저도 따라 살면 다 망합니다. 하지만 우리가 믿음으로 살면 비록 더디지만, 바뀌지 않을 것 같은 이 조국 땅조차도 달라지는 복됨을 보게 될 것입니다.

사랑이 점점 더 풍성해짐으로 우리의 인생이 더 선명하게 보이는 복된 은혜가 우리 모두에게 넘치도록 풍성하게 임하기를 바랍니다.

사람을 사랑하기는 어렵지만
그 안에 모든 보배가 들어 있습니다.
사람이 바로 보배요,
사람이 최고로 귀한 존재입니다.

PRAY

우리에게 기도를 가르쳐 주소서

5

범사에 하나님을
기쁘시게 하기를 구하라

골로새서 1:9-12

9 이로써 우리도 듣던 날부터 너희를 위하여 기도하기를 그치지 아니하고 구하노니 너희로 하여금 모든 신령한 지혜와 총명에 하나님의 뜻을 아는 것으로 채우게 하시고

10 주께 합당하게 행하여 범사에 기쁘시게 하고 모든 선한 일에 열매를 맺게 하시며 하나님을 아는 것에 자라게 하시고

11 그의 영광의 힘을 따라 모든 능력으로 능하게 하시며 기쁨으로 모든 견딤과 오래 참음에 이르게 하시고

12 우리로 하여금 빛 가운데서 성도의 기업의 부분을 얻기에 합당하게 하신 아버지께 감사하게 하시기를 원하노라

하나님의 뜻을 아는 것으로
채워 주소서

앞 장에서 살펴본 에베소서와 빌립보서에 나오는 바울의 기도와 이 장의 본문인 골로새서에 나오는 기도에는 하나의 중요한 차이점이 있습니다.

에베소 교회나 빌립보 교회는 바울이 개척한 교회로서, 바울은 성도들을 잘 알았습니다. 반면에 골로새 교회는 바울의 영향을 받은 에바브라라는 사람이 개척한 교회였습니다. 다시 말해, 앞서의 기도들은 바울이 잘 알고 있는 사람들을 위해 드린 기도였고, 골로새서의 기도는 전혀 본 적이 없는 성도들을 위해 드린 기도입니다.

우리는 육신적으로 약하기에 눈으로 한 번이라도 본 선교사님들이나 지인들을 위해서 기도하는 일은 상대적으로 쉽습니다. 하지만 잘 모르거나 멀리 있는 누군가를 위해서 기도하기란 참 어렵게 느껴집니다.

그러나 우리 기도의 반경은 골로새 성도들을 위한 바울의 기도같이 넓어질 필요가 있습니다. 우리는 주님의 몸을 함께 구성하고 있는 성도들이기 때문입니다. 따라서 친분이 없거나 전혀 모르는 사람일지라도 매우 친한 사이처럼 마음을 실어서 기도하고 축복해야 합니다.

우리 기도의 폭이 넓어져 가정과 교회와 익숙한 사람이라는 테두리를 넘어서 진정 열방을 품어 내고 이웃을 제대로 섬길 수 있게 되기를 바랍니다.

바울은 본 적이 없어서 알지도 못하는 사람들을 위해서 기도했습니다. 이때 그는 주님으로 인해 동일한 마음을 가지고 기도했습니다. 심지어 잊지 않고 끊임없이 기도할 정도였습니다. 그들을 향한 기도 제목이 9절에 기록되어 있습니다.

"너희를 위하여 기도하기를 그치지 아니하고 구하노니 너희로 하여금 모든 신령한 지혜와 총명에 하나님의 뜻을 아는 것으로 채우게 하시고."

바울은 골로새 성도들을 위해 기도하면서 하나님의 뜻

을 아는 것으로 그들의 삶을 채워 달라고 기도했습니다.

이 땅을 살아가는 우리는 성도로 부르심을 받았음에도 시류에 편승하기가 얼마나 쉬운지 모릅니다. 게다가 때로 대중의 이목을 끌고 싶은 욕망 때문에 수단과 방법이 성경적이지 않은데도 그 일을 해버리는 어리석음을 많이 범합니다.

그러나 시대가 어떻게 흘러가든 우리의 행위를 결정하는 기준이 시류가 되어서는 안 됩니다. 저는 나라가 어지러울 때 촛불 집회에 나가는 성도를 지지합니다. 한편 촛불을 들고 나가지 않고 골방에서 기도하는 성도 역시 지지합니다. 어떤 시류를 따르느냐가 중요한 것이 아닙니다. 하나님이 각자의 마음에 주신 부르심을 깨닫고 그 일을 행하면 되는 것입니다.

남들이 하니까 하고, 남들이 안 하니까 안 하는 등 시류를 좇는 것이 아니라 하나님의 뜻이 무엇인지 분별하고, 아버지의 마음이 어디 있는지를 알고, 나를 부르신 하나님의 뜻에 복종하는 방식으로, 양심을 따라 어떤 선택을 하든 온갖 박수를 보낼 수 있습니다. 하나의 답으로 모든 사람의 양심을 획일적으로 갈라서는 결코 안 될 것입니다.

다양한 부르심에 따라 양심껏 잘 분별하기를 기대하고, 절대로 시류에 편승하지 않으며, 욕망에 따라 대중의 이목을 받고 싶어 그저 남들에게 말할 거리를 찾기 위해 어떤 행위를 하는 것이 아니라 하나님의 뜻을 분별한 후 행동하는 것은 정말 귀한 일입니다. 하나님의 말씀은 우리에게 하나님의 뜻을 분별하라고 자주 권면합니다.

"너희는 이 세대를 본받지 말고 오직 마음을 새롭게 함으로 변화를 받아 하나님의 선하시고 기뻐하시고 온전하신 뜻이 무엇인지 분별하도록 하라"(롬 12:2).

하나님의 뜻을 분별하며 이 땅을 살아가는 것은 좀 더디고 미련해 보일지라도, 사실은 제일 빠른 길입니다. 하나님의 뜻을 분별하고, 하나님의 마음이 어디에 있는지 알고, 남에게가 아니라 나에게 하나님이 무슨 말씀을 하시는지를 듣고 삶을 살아가야 합니다.

또한 에베소서 5장 15-17절은 이렇게 말합니다.

"그런즉 너희가 어떻게 행할지를 자세히 주의하여 지혜 없는 자같이 하지 말고 오직 지혜 있는 자같이 하여 세월을 아끼라 때가 악하니라 그러므로 어리석은 자가 되지 말고 오직 주의 뜻이 무엇인가 이해하라."

주의 뜻을 분별하고 서서 그 뜻을 행하라는 말씀입니다. 여기서 '주의 뜻을 분별하고 알라'라는 말에는 우리 삶의 자리에 많은 선택의 순간이 찾아올 때 하나님의 뜻을 주관적으로 분별하고 알아야 한다는 뜻과 더불어 객관적인 하나님의 뜻도 담겨 있습니다.

'객관적인 하나님의 뜻'이란 하나님의 말씀 안에 분별할 필요가 없도록 하나님의 뜻이 이미 나타나 있다는 말입니다.

말씀 안에 객관적으로 분명히 나타나 있는 하나님의 뜻이 있습니다. 그 뜻에 대해서는 분별할 필요 없이 순종해야 합니다.

대표적인 예로, "하나님의 뜻은 이것이니 너희의 거룩함이라"(살전 4:3)라는 말씀을 들 수 있습니다. 이 말씀은 하나님께 물어보지 않아도 알 수 있는 확실한 하나님의 뜻입니다. 우리를 향한 하나님의 뜻은 거룩함입니다.

또한 우리는 하나님 앞에 기도해야 하는지 물어볼 필요가 없습니다.

> "항상 기뻐하라 쉬지 말고 기도하라 범사에 감사하라 이것이 그리스도 예수 안에서 너희를 향하신 하나님의 뜻이니라"(살전 5:16-18).

쉬지 말고 기도하는 것이 하나님의 뜻이라고 성경에 기록되어 있기 때문입니다.

예수님이 주신 기쁨을 빼앗기지 않고, 항상 기도하고, 모든 일에 감사하는 삶은 하나님의 객관적인 뜻이므로 분별할 필요가 없습니다. 이러한 하나님의 뜻은 우리의 기분에 따라 좌우되지 않습니다. 비록 오늘 안 좋은 일이 있었지만 주님이 항상 기뻐하라고 말씀하셨으니 그 말씀을 붙들고 기뻐하며 감사해야 하는 것입니다.

이처럼 주님의 뜻을 분별해야 하는 영역이 분명히 있고, 객관적으로 분별되어 나타난 뜻이 있습니다. 우리는 주님의 뜻을 잘 분별해 순종하면서 이 땅을 살아가야 합니다. 이것이 골로새 성도들을 위한 바울의 기도의 핵심입니다.

우리는 성경을 읽고 들으면서 하나님의 객관적이고 주관적인 뜻을 분별합니다. 하지만 하나님의 뜻을 분별하는 것 자체는 궁극적인 목표가 아닙니다. 진정한 목표는 이어지는 9-10절에 나옵니다.

> "하나님의 뜻을 아는 것으로 채우게 하시고 주께 합당하게 행하여 범사에 기쁘시게 하고 모든 선한 일에 열매를 맺게 하시며 하나님을 아는 것에 자라게 하시고."

하나님의 뜻을 아는 것으로 채워서 '주께 합당하게 행하여 범사에 그분을 기쁘시게 하는 것'이 바로 하나님의 뜻을 분별하려는 목적입니다. 하나님의 뜻을 알고 나면 하나님이 나에게 무엇이 합당하다고 여기시는지 알기에 범사에 그 뜻을 행해 하나님을 기쁘시게 해드리게 됩니다.

여기서 중요한 사실을 알게 됩니다. 먼저, 분별된 뜻을 알기만 하는 것이 아니라 그 뜻을 행함으로 하나님을 기쁘시게 해야 한다는 것입니다. 성도의 삶의 최고 기쁨은 하나님이 기뻐하시는 것입니다.

우리는 누군가를 사랑하면 언제나 그를 기쁘게 해주고 싶어 합니다. 사랑한다고 말하면서 함부로 대하는 것은 잘못된 태도입니다. "나는 지금 세상적으로 큰일을 하고 있으니까 당신이 나를 섬겨 주어야 해요"라고 말하는 것은 사랑이 아닙니다. 그것은 사랑이라는 이름의 폭력입니다.

진정한 사랑은 언제나 자기의 유익을 구하지 않고 상대를 기쁘게 합니다.

조국 땅에 몸을 담고 있는 남자로서 늘 안타까운 점이 있습니다. 한국 남자들은 철이 좀 늦게 드는 것 같습니다. 특히 결혼해서 아내를 기쁘게 하려면 어떻게 해야 하는지 잘 모르고, 관심도 없습니다. 그저 아내가 예쁘고, 사랑스럽고, 밥도 해주니 정말 좋다고만 생각하며 삽니다.

한 번이라도 정직하게 아내가 언제 기쁜지 물어봐야 하는데 자기만 기쁘면 된다고 생각합니다. 그래서 밖에 나가서 열심히 직장 생활을 하고 정신없이 살아갑니다. 그러다가 50세가 넘고 조금 철이 들면서 '아내를 좀 잘 섬겨야겠구나' 하고 생각합니다.

그런데 그때 아내들이 어떻게 합니까? 깜짝 놀라며 "옛날에 하던 대로 해요. 갑자기 왜 그래요?"라고 반응합니다. 이제 남편이 곁에 오면 힘든 때가 된 것입니다. 철이 조금 빨리 들어서 미리 아내 곁을 지켜 주었더라면 얼마나 좋았을까요?

이처럼 사랑은 절대로 자기를 기쁘게 하는 것이 아니고, 상대를 기쁘게 하는 것입니다. 우리가 하나님을 사랑하기 때문에 하나님이 기뻐하시는 뜻을 분별하고 그 뜻을 행하면 하나님을 기쁘시게 해드릴 수 있습니다.

우리는 이 땅을 살아가면서 행함으로써 하나님을 기쁘

시게 해드리는 일이 무엇인지 알아야 합니다.

바울의 기도의 핵심인 골로새서 1장 9-12절은 우리가 하나님의 뜻을 잘 분별해서 주께 합당하게 행하고 범사에 그분을 기쁘시게 하는 것이 무엇인지를 4가지 특성으로 소상하게 설명해 줍니다.

선한 일에 열매를 맺어
하나님을 기쁘시게 하십시오

"모든 선한 일에 열매를 맺게 하시며"(10절 중).

첫째로, 바울은 하나님을 기쁘시게 하는 삶이 모든 선한 일에 열매를 맺는 것이라고 말했습니다.

조국 교회는 복음의 심장과도 같은 은혜를 잘 깨닫지 못하고 있습니다. 그래서 은혜를 누리지 못하며, 예수 믿는 맛을 모르는 사람들이 매우 많습니다.

은혜를 잘 모르기에 생기는 현상 중에 하나는 이렇습니

다. 행위가 아니라 믿음과 은혜로 구원받은 우리 안에는 자랑할 것이 전혀 없기 때문에 어떠한 삶을 사는 것이 합당한지를 알지 못한다는 것입니다. 그렇다 보니 자꾸 분절적으로 접근합니다. 은혜를 강조할 때는 좋아하다가도 막상 삶의 자리에 가서는 어떻게 살아야 하는지 잘 분별되지 않습니다. 삶을 거듭 강조하면 율법주의와 공로주의에 매여서 은혜의 부요를 잃어 갑니다. 둘 사이의 균형을 잡아내지 못하는 것이 조국 교회 성도들의 가장 큰 약점입니다.

우리는 틀림없이 행위가 아니라 은혜를 인해 믿음으로 구원받습니다. 우리는 한 사람도 자기 스스로의 행위로써 구원에 이르지 못합니다. 따라서 아무도 구원에 대해서 자랑할 수 없습니다. 그런데 주님이 아무 자격 없는 우리를 은혜로 구원해 성도의 존영이 있는 자리로 옮겨 놓으신 이유와 목적이 무엇입니까?

모든 선한 일에 열심히 열매를 맺는 하나님의 진정한 백성이 되게 하시기 위해서입니다. 은혜를 통해 구원받은 모든 하나님의 사람들은 반드시 선한 일에 열심히 열매를 맺는 삶을 살아야 하는 것입니다.

물론 열매로써 천국에 가는 것은 아닙니다. 최근 한국 교회에 서서히 밀려들고 있는 신학이 있습니다. 영국의 탁월한 신학자가 우리가 전통적으로 믿고 있는 칭의론을 약간 비틀었습니다. 이 일로 한국 교회에 혼란이 초래되었고, 젊은 세대들을 중심으로 많이 흔들리고 있습니다.

물론 그의 주장이 그럴듯해 보이고 일리가 없는 것은 아닙니다. 그런 그를 이단이라고 말하기에는 어려운 부분이 있습니다. 하지만 이단이라고 해서 다 틀린 것을 가르치지는 않습니다. 이단이란 끝이 다른 것, 즉 상당 부분이 비슷하고 일부가 다른 것을 의미하기 때문입니다. 그런데 한국 교회가 다른 점을 분별해 내지 못하니까 자꾸 흔들리는 것입니다.

하나님은 아무 일한 것 없는 우리를 은혜로 구원하셨습니다. 행위나 자격으로 천국에 갈 자는 아무도 없습니다.

하나님은 우리에게 구원을 주셨을 뿐 아니라 성령과 생

명의 말씀, 귀한 교회를 선물로 주셨습니다. 그로써 선한 일에 열심히 열매를 맺는 하나님의 친백성이 되고, 서로 붙들어 주어 선행을 격려하도록 하셨습니다. 이 시대를 거슬러 살아가는 삶이 혼자서는 너무나 어렵기 때문에 신실한 믿음의 친구들을 붙여 주신 것입니다.

만약 우리가 스스로 선한 일을 많이 해서 천국에 가거나, 혹은 구원의 등급을 나눈다면 천국에도 얼마나 많은 차별이 있겠습니까? 그러나 하나님은 아무도 자랑하지 못하도록 우리를 은혜로 값없이 구원해 주셨습니다.

구원받은 모든 백성은 선을 행하고 많은 열매를 맺지만 그것 때문에 자랑할 일도, 다른 사람을 무시하거나 비교할 필요도 없습니다. 거저 받은 것을 거저 주는 심령으로 선을 행했기 때문에 그저 남이 잘되니 진정으로 기뻐하는 선이 나오는 것입니다.

그런 우리의 선한 삶을 보신 주님이 "잘했다" 하며 복을 주시는 것이 천국에 대한 이야기입니다.

그런데 우리는 삶이 따라 주지 않으니 삶에 무게를 더 실어서 신학적으로 자꾸 비틀려고 합니다. 귀한 복음의 진리를 비틀어 억지로 균형을 맞추려는 것인데, 이 일은 진리를 왜곡시킬 뿐입니다. 우리의 소견에 옳은 것이 중요한 것이 아닙니다. 하나님이 정말 옳다 하시는 것이 옳은 것입니다.

그러므로 은혜의 복음을 가장 잘 수호하는 지름길은 우리가 하나님께 빚진 심령을 가지고 선한 일에 풍성한 열매를 맺는 삶을 사는 것입니다.

마태복음에서 주님은 산상설교를 다 마치신 후 "이러므로 그들의 열매로 그들을 알리라"(마 7:20)라고 말씀하셨습니다. 예수님을 믿어 은혜로 구원받은 성도들에게 아무런 열매가 없어서는 안 된다는 의미입니다.

행위로 나타나는 열매가 없는 구원은 사실상 불가능합니다. 행위 때문에 천국에 가는 것은 아니며, 하나님이 행위를 근거로 우리에게 계급을 매기시는 것은 절대로 아닙니다. 하지만 구원받은 성도들에게는 반드시 열매가 맺히게 되어 있고, 그 열매를 보신 주님이 더 많은 상으로 그의 생을 축복해 주시는, 즉 은혜에 은혜가 더하여지는 구조가 구원 구조임을 우리는 기억해야 합니다.

공로 구조가 아닙니다. 믿음에 믿음이 더하여지고, 은혜에 은혜가 더하여지고, 영광에 영광이 더하여지는 구조가 성경이 가르쳐 주는 구원인 것입니다. 영국의 신학자는 저 같은 미약한 사람과 비교할 수 없을 만큼 탁월한 석학이지만 성경적이라고는 믿어지지 않습니다.

우리는 하나님의 뜻을 잘 분별하고, 오랜 세월 동안 믿어 온 진리의 터를 잘 보존하며, 하나님의 진리를 따라 하나님을 섬기며 선한 열매를 많이 맺어야 합니다.

그렇다면 주님이 우리에게서 보고 싶어 하시는 선한 열매가 무엇입니까?

먼저, 우리 속에 성령이 임재하시며 우리가 구원받았다는 결과물에 해당되는 '인격의 열매', 즉 사람 됨됨이입니다. 또 하나는 우리의 삶을 보증하고 입증해 줄 '사람의 열매'입니다. 어느 날 주님 앞에 섰을 때 오른손이 한 일을 왼손이 모르게 했던 우리의 삶에 대해서 증거하고 보증해 주는 사람을 가진 자는 복이 있습니다.

우리는 이러한 삶을 살아야 합니다. 큰 집을 짓고 사는 것, 남들이 먹지 못하는 고급 음식을 먹는 것이 성공한 삶이 아닙니다. 다른 사람이 내 삶을 보증해 줄 수 있도록 그들에게 많은 것을 흘려보내고, 사랑의 종 됨과 귀한 섬김을 많은 베푼 자가 복 있는 사람입니다.

의의 선한 열매란 바로 하나님을 기쁘시게 하는 우리의 삶인 것입니다.

하나님을 아는 것에서
자라 가십시오

하나님의 뜻을 잘 분별해 그분을 기쁘시게 하는 두 번째는 하나님을 아는 것에서 자라 가는 것입니다.

"하나님을 아는 것에 자라게 하시고"(10절 하).

흥미롭게도, 앞서 2장에서 살펴보았듯이 바울은 에베소 성도들을 위해서 "지혜와 계시의 영을 너희에게 주사 하나님을 알게 하시고"(엡 1:17)라고 기도했습니다. 본문인 골로새서에서의 바울의 기도는 하나님의 뜻을 알아서 행함으로 하나님을 기쁘시게 하라는 것으로, 행함이 핵심입니다. 그런데 바울은 여기서 또다시 우리가 하나님을 아는 지식에서 자라 가는 일을 하나님이 기뻐하신다고 말한 것입니다.

구원을 받았는데 삶이 따르지 않는 것은 가짜입니다. 비록 한순간에 목표에 도달하지 못하고 시간이 걸릴지 모르지만, 반드시 삶이 따르게 되어 있습니다. 삶 없이 참된 복음은 불가능합니다. 삶과 복음은 불가분의 관계인 것입니다.

그런데 왜 여기서 하나님을 아는 지식이 자라게 하라는 말씀이 또 나오는 것일까요?

행함은 반드시 지식을 불러오기 때문입니다. 우리가 하나님의 뜻을 분별해 행하면 그 행함이 또 다른 복을 불러오는데, 그것이 바로 하나님을 아는 지식에서 자라게 하는 것입니다. 하나님을 아는 지식이 자라면 하나님의 뜻을 더 잘 알게 되어 더 순종하게 됩니다.

이것이 제가 목회하면서 가장 많이 누리는 행복입니다. '만약 목회를 하지 않고 직장 생활을 했다면 이렇게까지 맞부딪쳐 가면서 살았을까?' 하고 생각하면 한 번씩 섬뜩하고 자신이 없어지곤 합니다.

목회를 하면서 누리는 최고의 기쁨 중에 하나는 결국 성경이 진짜이고, 성경 말씀에 순종해 보니까 또 성경이 깨달아지는 삶입니다. 말씀에 순종하는 행위는 또 다른 지각을 열어 줍니다. 머리가 좋은 사람이 성경을 잘 깨닫는 것이 아니라 순종하는 자가 성경을 깨닫습니다. 순종해 본 사람에게만 열리는 은혜가 있습니다.

한 걸음 딛기 전에는 두 번째 걸음이 열리지 않는 경우가 대부분입니다. 하나님은 자주 우리에게 한 걸음 앞만 보여 주실 뿐, 두 걸음 앞까지 보여 주시지는 않습니다. 그런데 한 걸음 가 보면 희한하게 길이 열립니다. 지각이 열리기 때문에 보이는 것입니다.

이처럼 우리가 순종하는 행위는 삶의 또 다른 지식을 더해 줍니다. 그래서 여기서 또다시 하나님을 아는 지식이 자라게 하라는 말씀이 나온 것입니다. 하나님을 더 알아 가고, 하나님을 더 닮아 가는 일보다 하나님이 더 기뻐하시는 일은 없습니다.

**기쁨으로 모든 견딤과
오래 참음에 이르기 위해서**

앞서 네 장에 걸쳐서 살펴본, 우리가 배워야 하는 기도 제목들 가운데 가장 많이 반복된 내용은 능력을 구하는 기도였습니다. 바울은 그 능력의 예표로 예수님의 부활, 승천, 하나님의 보좌 우편에 앉으심 등을 들었습니다.

그런데 골로새 교회를 위한 기도 제목인 본문을 보면, 또다시 능력에 대한 이야기가 언급됩니다.

"그의 영광의 힘을 따라 모든 능력으로 능하게 하시며"
(11절 상).

능하여지게 해달라는 기도의 목적이 뒤이어 나옵니다.

"기쁨으로 모든 견딤과 오래 참음에 이르게 하시고"

(11절 하).

바울은 하나님의 뜻을 잘 분별해 그분을 기쁘시게 하는 세 번째로, 기쁨으로 모든 견딤과 오래 참음에 이르기 위해서 능하여지라고 말한 것입니다.

저는 이 말씀을 볼 때마다 무릎을 탁 칩니다. 과연 이 말씀보다 기독교를 더 잘 보여 주는 본문은 없을 것입니다.

오늘 조국 땅에 있는 많은 성도는 알기는 아는데, 믿기는 믿는데 살아지지는 않는다고 말합니다. 그런데 정말 기독교는 그런 종교가 아닙니다. 알면 살게 됩니다.

앞서 바울이 말한 능력은 부활의 능력이고, 예수님을 하나님의 보좌 우편에 앉히는 능력이라고 언급했습니다. 이 능력이 우리의 삶에 적용되면 어떤 모양을 나타낼까요?

이 능력은 사람들을 깜짝 놀라게 하면서 특별한 힘을 느끼게 하는 능력이 아닙니다. 제가 조국 교회를 30년 동안 돌아보니 신통방통하다는 목사님이 있는 교회를 찾아다니는 성도들이 정말 많은 것 같습니다.

그러나 기독교는 그런 종교가 아닙니다. 소위 '영발'이 좋은 사람이 손을 얹어야 이루어지는 기도라면 주님이 왜 우리에게 기도를 가르쳐 주셨겠습니까? 주님이 왜 우리더러 기도하라고 하셨겠습니까?

능력으로 능하여져서 기적이 나타나고, 사람들을 깜짝 놀라게 할 만한 능력이 나타나서 사람들이 우리 앞에 와서 절절 매는 것은 기독교의 능력이 아닙니다.

하나님의 아들은 이 땅에 아기의 모습으로 오셨습니다. 열두 영이나 더 되는 천사를 부르실 수 있는 분이 십자가에 못 박혀 죽으셨습니다. 기독교의 능력은 그런 능력이 아닌 것입니다.

하나님은 긍휼하시고 자비하시기 때문에 필요한 때에 우리의 질병을 얼마든지 고치실 수 있습니다. 우리는 서로 병 낫기를 위해서 기도할 필요가 있고, 그런 은혜를 하나님 앞에 구할 수 있습니다. 그 일은 정당하고 합당한 것입니다. 그러나 그런 것만이 능력이 아니라는 사실을 우리는 반드시 기억해야 합니다.

이 땅을 살아가는 복음의 권능은 부활의 능력이요, 예수님을 하나님의 보좌 우편에 앉힌 능력으로 우리가 능하여져서 '모든 견딤과 오래 참음에 이르게 하는 것'입니다. 이것이 바로 기독교입니다.

여기서 '모든 견딤'이란 척박한 환경을 버텨 내고 받아 내는 힘을 말합니다. '오래 참음'이란 힘겹게 하고, 해코지하고, 불편하게 만드는 사람을 끝까지 포기하지 않고 받아들이는 힘입니다.

즉 권능으로 능하여져서 환경을 척척 바꾸어 내는 것이 아니라 주어진 환경에 하나님의 뜻이 있는 줄 알고 때로는 받아 내고, 이겨 내야 한다는 의미입니다. 환경을 그대로 받아 내는 일이 때로는 부활의 권능으로 우리의 삶에 나타나야 하는 능력이라는 뜻입니다.

마음에 들지 않는 사람을 갈아치우는 것이 능사가 아니라, 사람에게 중심을 실어서 사랑하고, 받아 내고, 아끼고, 누구든 포기하지 않는 것이 능력이요, 권능이라고 성경은 말합니다. 기독교는 신비로운 종교적인 능력이 아니라 삶을 살아 내는 능력인 것입니다.

그러므로 믿는데 삶이 따르지 않는다는 말은 불가능합니다. 기독교의 권능은 삶을 가능하게 만드는 권능입니다.

그렇다면 왜 하나님은 우리에게 능력을 주셔서 환경을 바꿔 주시는 것이 아니라 우리더러 견뎌 내고 오래 참도록 만드시는 것일까요?

그 안에 엄청난 복이 들어 있기 때문입니다. 그로써 우리를 바꾸시고 빚어내시는 것입니다. 환경을 바꾸는 것은 하나님께 식은 죽 먹기입니다. 그런데 하나님께도 어려운 일이 있는데, 그것은 죄에 익숙해져 있는 우리가 거룩하고, 성결하고, 중심을 다해 사랑하는 사람이 되게 하시는 것입니다. 이 일은 기적같이 어려운 일입니다. 그래서 하나님은 우리로 하여금 견디고 참게 하십니다.

늘 상대를 탓하는 것이 우리의 주특기입니다. 우리는 말은 하지 않지만 언제나 속으로, '나는 괜찮은데 저 사람이 문제야'라고 생각합니다. 그것이 우리의 핵심 문제입니다.

부부 생활을 하다 보면, 처음에는 마음에 드는 사람을 만나 결혼해 살았지만 살다 보니 상대의 잘못만 보입니다. 계속 상대를 비방하다가, 어느 날 배우자에게서 자신을 보게 됩니다. 그 순간 진짜 사랑을 배우고, 진정한 자신을 보고는 자아가 깨져 버립니다. 그저 착하고 겸손한 척하는 삶이 아니라 내면에서부터 중심이 무너지면서, 누구든 중심을 다해 사랑하고 받아 낼 수 있는 우리로 하나님이 빚어내시는 복이 임하는 것입니다.

환경을 바꾸는 것만이 능사가 아닙니다. 환경을 견뎌 내는 것도 매우 복된 일이고, 하나님의 능력입니다. 하나님은 우리가 이 귀한 능력으로 능하여져서 환경과 사람을 받아내면서 하나님의 사람으로 빚어져 가는 형용할 수 없는 영광을 우리의 삶에 빚어내시는 것입니다.

사람을 사랑하십시오. 성격이 급하고, 빨리 결과를 내야 하고, 성공을 떠받들고, 끝없이 쉽게 성과를 거머쥘 수 있다고 가르치는 오늘날의 시대정신에 절대로 지지 마십시오. 그런 길은 없습니다. 귀한 결과가 쉽게 오는 법은 절대로 없습니다. 눈물을 많이 흘리면서 뿌려야 어느 날 기쁨으로 추수하는 복됨이 있는 것입니다.

때로 부모를 잘 만나서 잘 사는 사람은 복 받은 것처럼 보입니다. 하지만 복이 복인 줄 모르면 결국 걸림돌이 되고 맙니다. 좋은 환경이 무조건 좋은 것 같지만, 은혜 안에서 눈이 열리는 복 없이 좋은 환경은 결코 좋은 것이 되지 못합니다. 그런 사람은 상대방을 이해하지 못하는 옹졸한 사람이 되고 말 뿐입니다.

하나님은 우리를 능력으로 능하게 하셔서 오래 참음과 견딤에 이르게 하십니다. 그때 절대로 불평하지 말고, 주님을 신뢰하는 마음으로 견뎌 내고, 참아 내고, 사람을 포기하지 말고 아끼십시오. 하나님이 실수하시지 않고 우리에게 주신 완전한 환경을 전심을 다해 사랑하고, 받아 내고, 주님의 때를 기다리십시오. 그런 삶을 살 때 하나님이 매우 기뻐하십니다.

비록 일이 잘 안되는 것 같지만, 그럼에도 하나님이 매우 기뻐하신다는 사실을 느끼게 되면 아무리 고생스러워도 다 이길 수 있습니다. 이것이 믿음의 성도들이 척박한 환경을 이겨 낼 수 있었던 비결입니다.

아버지께 감사하는 삶, 하나님이 가장 기뻐하시는 삶

하나님의 뜻을 잘 분별해 그분을 기쁘시게 하는 네 번째는 아버지께 감사하는 것입니다.

> "우리로 하여금 빛 가운데서 성도의 기업의 부분을 얻기에 합당하게 하신 아버지께 감사하게 하시기를 원하노라"
> (12절).

아버지를 향해 끝없이 감사드리는 삶이야말로 하나님을 가장 기쁘시게 합니다.

우리가 자녀를 낳고 기르면서 가장 좋은 순간은 "아빠, 감사해요. 아빠가 제 기쁨이에요. 엄마가 제 엄마라서 참 좋아요. 우리 엄마가 제일 예뻐요"라는 말을 들을 때가 아니겠습니까? 자식으로서 부모의 사랑과 은택을 알고 감사를 표현하는 일보다 부모를 더 기쁘게 하는 것은 없습니다.

우리는 이 땅을 살아가면서 때로 실패하고, 눈물 흘리고, 좌절하고, 아픔을 겪습니다. 우리가 예수님을 믿는다고 해서 그런 일들이 결코 면해지지는 않는다는 점은 틀림없습니다.

그럼에도 우리는 얼마든지 감사할 수 있습니다. 눈에 눈물이 그렁그렁하지만 우리 주님의 손이 지금 내 삶의 자리에 같이 있는 줄 알기 때문에 눈물만 흘리지 않고 그 자리에서도 하나님을 인정할 수 있는 것입니다.

비록 결과를 다 헤아리지는 못하지만 받아들이고, 보이지는 않지만 하나님이 계시고 내 삶에 간섭하실 것을 믿고 감사해야 합니다. 우리의 삶에 감사할 제목이 수두룩해져야 합니다. 어떤 면에서 감사는 본질입니다. 감사할 만한 제목들이 때로 줄어드는 것 같은 순간에도 아버지를 향해 깊은 감사가 드려지고 있다면, 그것은 아버지를 참 기쁘시게 하는 일입니다.

우리는 아버지 앞에 어떤 마음을 올려 드리고 있습니까? 지난 세월을 돌아보니 수많은 아쉬움이 있고, 미련도 있고, 상한 마음이 없는 것도 아닙니다. 하지만 그럼에도 불구하고 자신의 삶을 돌아보면 참 미련한 우리를 충성스럽게 여겨 주신 아버지께 감사하게 됩니다.

모든 것이 불확실한 조국의 삶이고 우리 개인의 삶이지만 아버지께 감사합니다. 내가 하나님의 가정에 자녀로 입양되었고, 아버지가 계시고, 그분이 보고 계시기 때문에 감사합니다.

그렇게 예수 믿은 세월이 30-40년 흐르고 나면 우리의 얼굴에 표시가 날 것입니다. 바로 '예수님표'(Made in Jesus)입니다.

하나님이 우리에게 주신 많은 감사의 기도 제목들을 생각하면서 아버지께 감사합시다. 하나님을 기쁘시게 하는 귀한 삶이 우리 가운데 넘쳐나서 우리가 하나님의 기쁨이 되기를 바랍니다. 우리의 삶에 감사와 기쁨이 넘쳐나는 은혜와 복됨이 풍성하기를 간절히 바랍니다.

사명선언문

너희가 흠이 없고 순전하여……세상에서 그들 가운데 빛들로
나타내며 생명의 말씀을 밝혀 _ 빌 2:15-16

1. 생명을 담겠습니다
만드는 책에 주님 주신 생명을 담겠습니다.
그 책으로 복음을 선포하겠습니다.

2. 말씀을 밝히겠습니다
생명의 근본은 말씀입니다.
말씀을 밝혀 성도와 교회의 성장을 돕겠습니다.

3. 빛이 되겠습니다
시대와 영혼의 어두움을 밝혀 주님 앞으로 이끄는
빛이 되는 책을 만들겠습니다.

4. 순전히 행하겠습니다
책을 만들고 전하는 일과 경영하는 일에 부끄러움이 없는
정직함으로 행하겠습니다.

5. 끝까지 전파하겠습니다
모든 사람에게, 땅 끝까지, 주님 오시는 그날까지
복음을 전하는 사명을 다하겠습니다.

서점 안내

광화문점	서울시 종로구 새문안로 69 구세군회관 1층 02)737-2288 / 02)737-4623(F)
강남점	서울시 서초구 신반포로 177 반포쇼핑타운 3동 2층 02)595-1211 / 02)595-3549(F)
구로점	서울시 동작구 시흥대로 602, 3층 302호 02)858-8744 / 02)838-0653(F)
노원점	서울시 노원구 동일로 1366 삼봉빌딩 지하 1층 02)938-7979 / 02)3391-6169(F)
일산점	경기도 고양시 일산서구 중앙로 1391 레이크타운 지하 1층 031)916-8787 / 031)916-8788(F)
의정부점	경기도 의정부시 청사로47번길 12 성산타워 3층 031)845-0600 / 031)852-6930(F)
인터넷서점	www.lifebook.co.kr